大学受験 小論文・面接の時事ネタ本

教育・教員養成 系編

三訂版

教育ジャーナリスト
渡辺 研

Gakken

はじめに

　2020年3月、全世界を襲った新型コロナウイルス感染症のまん延により、全国の学校が一斉に休校しました。新学期になっても休校は続き、多くの学校がどうにか日常を取り戻せたのは6月になってからでした。きみたちが実際に経験したことです。

　前年度の授業がほぼ修了していた3月はともかく、新年度になっても閉じたままの学校をみて、恐怖感を覚えました。このまま、学校教育が止まってしまったら、社会の将来はどうなってしまうのだろう。

　再開後は長期の休校もなく、何とか年度末を迎えたのは、せめてもの救いです。

　実は、2020年度は学校教育にとってきわめて重要な年でした。新しい学習指導要領が、小学校では全面実施され、中学校では2021年度の全面実施に向けて最終チェックを行うはずでした。

　学習指導要領については本文で詳しく説明します。従来とは大きく変わり、子どもたちにとって大切な内容がたくさん含まれた画期的なものでした。そのスタート時につまずいてしまったのですが、学校は立ち止まりませんでした。制限がある難しい環境でも、たとえば子どもたち同士の対話的な学びの工夫など、前向きに努力しました。

　教師とはそういう人たちで、学校とはそういう場所です。

　日常、私は『教育ジャーナル』（学研教育みらい）という雑誌の記事を書いています。学校教育に携わる人たち向けの専門誌です。本書にもその取材で得た内容を反映しました。読者になってくれたきみたちを、ただの高校生・受験生ではなく、子どもたちの将来と学校教育の未来を担ってくれる人たちだと思っています。だから、大学受験対策にとどめず、教師という仕事の現実を知ってもらいたくて、"これでもか、これでもか"とばかりに書きました。簡単に読めるものではないかもしれませんが、努力することに価値を認めるきみたちへの敬意だと受け取ってください。

　理解が困難な項目は読み飛ばしてもかまいません。でも、多くは、きみたちがこれまでどこかの学校段階で経験している事柄なので、「ああ、あのことか」と実際のようすを思い出してもらえれば、理解もしやすいのではないかと思います。

　一緒に学んでいきましょう。

Contents

Contents

Chapter

5 未来の教師
～きみたちに望まれていること

本書では、「こども」を「子ども」と表記しています。
ただし、引用元で「子供」と表記されている場合は引用元の表記に合わせています。

Chapter

1

学習指導要領が示す子どもたちと学校の将来

Chapter 1 で学ぶこと

幼児教育から高等学校まで、日本の学校教育のベースになっているのが、学習指導要領です。学校教育はこの学習指導要領を遵守して行われることになっています。きみたちはまだ実際に授業を行うわけではありませんが、そこに示された教育の考え方を理解しておきましょう。

いまの学習指導要領は「従来の授業スタイルを変えましょう」という内容も含んでいます。小学校以来、児童・生徒としてずっと授業を受けてきたきみたちにもわかりやすい課題なので、小論文や面接で問われる機会も多いはずです。

そもそも学習指導要領とは何か

学習指導要領って何？

　日本の学校(小学校、中学校、高等学校、特別支援学校、義務教育学校、中等教育学校)の教師(国・公・私立すべて)を目指すのなら、おおまかにでもいいから理解しておきたいのが学習指導要領です(幼稚園は幼稚園教育要領、保育園は保育所保育指針)。

　聞いたこともなく、意識したこともなくても、きみたちの学校生活では、学習指導要領に基づいて時間割が作られ、授業が行われてきました。学級活動や学校行事も同じです。

　「授業では教科書を使っていたから、教科書のこと？」

　近いかもしれませんが、正確ではありません。教科書は、日本の学校で小学生・中学生・高校生に修得させなければならない内容(学習指導要領に書かれている内容)を授業で実行するための**“主たる教材”**です。教科書も学習指導要領に基づいて作られています。重要なことなので文部科学省(以下、文科省)による学習指導要領の“公式の定義”を書いておきます[1]。

資　料

学習指導要領とは

　全国のどの地域で教育を受けても、一定の水準の教育を受けられるようにするため、文部科学省では、学校教育法等に基づき、**各学校で教育課程(カリキュラム)を編成する際の基準**を定めています。これを「学習指導要領」といいます。

　「学習指導要領」では、**小学校、中学校、高等学校等ごとに、それぞれの教科等の目標や大まかな教育内容を定めて**います。また、これとは別に、学校教育法施行規則で、例えば小・中学校の教科等の年間の標準授業時数等が定められています。各学校では、この「学習指導要領」や年間の標

※1 文部科学省ウェブサイト「学習指導要領とは何か？」

準授業時数等を踏まえ、地域や学校の実態に応じて、教育課程(カリキュラム)を編成しています。

　学習指導要領には、学校が授業等で扱う学習の内容が教科等・学年ごとに示されています。何が書かれているか、確認してみてください。学習指導要領は文部科学省のウェブサイトに載っています。教師は、この内容を子どもたちが修得できるように工夫して授業づくりをします(理想はすべての児童・生徒が理解できるようにすることです)。

　学習指導要領は"ミニマム＝最低基準"なので、内容は確実に授業で扱わなければなりません(これが、学習指導要領の「基準性」です)。クリアしていないと、厳密には卒業できないことになります。

　一方、教師は子どもたちに「こんなことも学んでほしい」と思うことを、内容以外のことも授業で扱うことができます。ただそれはあくまで＋αなので、プラスした代わりに、学習指導要領で示された内容の一部を削ることはできません。

　教科書は、学年、教科ごとに定められた内容を完全に押さえた教材です。だから1年間、教科書通りに授業を忠実に行えば、学習指導要領の内容はクリアしたことになります。

　しかし、教科書は一般的な具体例を取り上げているので、地方によっては実生活に合わない内容も載せられています。北海道と沖縄県では冬の暮らしは違います。また、各都道府県や市町村にはそれぞれ、伝統的な文化があります。だから、教科書がすべてではなく、子どもたちがその内容を本当に興味を持ってとらえられるよう、教師が教材を準備して授業を工夫しなければなりません。

　また、「発展的な学習内容」として、教科書には学習指導要領＋αの記述もあります。これは省いてもかまわないものなので、"忠実に教科書のページ順に、すべてを授業する"必要はありません。他教科と関連づけて、順

番を入れ替えて授業をしたほうが効果的な場合もあります。「地域や学校の実態に応じて、教育課程（カリキュラム）を編成」というのはそういうことです。

なお、いまの学習指導要領（きみたちはこれに基づいて仕事をすることになります）には初めて「前文」がつけられ、そこにも「学習指導要領とは、こうした理念の実現に向けて必要となる教育課程の基準を大綱的に定めるものである」と書かれています。機会があれば、扱う内容の確認のついでに、「こうした理念」とは何なのかも見ておいてください。

➡ 改訂って何？

学習指導要領は、近年ではだいたい**10年ごとに改訂**されます。きみたちが小・中学校で学んできたのは2008（平成20）年に改訂され、小学校では2011（平成23）年度、中学校では2012（平成24）年度から全面実施されたバージョンです。

改訂から全面実施までの数年のタイムラグは、周知・実施準備（移行措置といいます）の期間です。この間に、次期学習指導要領の趣旨を理解し、教育課程を編成します。準備ができた学校では前倒しで（通常は2年前から）実践しながら精度を上げていって全面実施に備えます。

豆知識です。いま実施されている2017（平成29）年バージョンを含め、これまで8回の改訂が行われています。小学校編を例にします。1947（昭和22）年に「教科課程、教科内容及びその取扱い」の基準として、初めて学習指導要領が編集・刊行されました。それ以来、1951（昭和26）年、1958（昭和33）年、1968（昭和43）年、1977（昭和52）年、1989（平成元）年、1998（平成10）年、2008（平成20）年、2017（平成29）年に全面改訂が行われてきました。

ところで、学校が週5日制になり、内容・標準授業時数が減り（ゆえに「ゆとり」と呼ばれました）、総合的な学習の時間が創設されたのは、どのバージョンでしょう？　答えは1998年版なのですが、きみたちには、すでに"歴

史上の出来事"でしょう。

　ほかに、たとえば、道徳が全面改訂を待たずに「特別の教科　道徳」(趣旨は「考え、議論する道徳」への転換。とても重要です)として教科化される(2015年)などの、部分的な改訂(一部改正)は行われています。

　2017年版を例にとると、全面改訂は次のような手順で行われました。

・2014(平成26)年、文部科学大臣が**中央教育審議会**(以下、中教審)に諮問(「今後の学校教育について、このような考え方で検討してほしい」と論議を要請)。
・2015(平成27)年8月、中教審が「**論点整理**」を公表。どんな議論がされているか、その中身をまとめたもの。
・2016(平成28)年8月、中教審が「審議のまとめ」を公表。ほぼ**答申**[※1]の骨子に近い。
・2016年12月、中教審が次期学習指導要領改訂についての答申を公表。
・2017(平成29)年2〜3月、答申に基づいて文部科学省が具体的な改訂案を出して、パブリックコメントを募集。
・2017年3月31日、文部科学大臣が**新学習指導要領**(幼稚園教育要領及び小・中・特別支援学校編)を公示(この「公示」の時点で、「学習指導要領の改訂」ととらえます)。高等学校版は2018年公示。
・移行期間は小学校2018年4月〜2020年3月、中学校は2021年3月まで。
・全面実施は、幼稚園2018年、小学校2020年4月、中学校2021年4月、高等学校2022年4月。

　今回の改訂では、中心となる理念が書かれているのが実は「**論点整理**」なので、大学入学後、読んでおくことを薦めます。

　きみたちがこれから現実的にかかわるのは2017年バージョンになるので、この後、本書で「学習指導要領」といえば2017年バージョンを指します。

※1 答申＝行政官庁からの問い(諮問)に対して、学識経験者などで構成される行政機関が意見を申し述べること。たとえば、新しい学習指導要領を作成するにあたり、文部科学大臣が中教審に対して意見を求め(諮問)、中教審のメンバーがそれについて審議を重ねて報告書を公表する(答申)。

2 学習指導要領のベースを理解する

➡ 予測困難な時代を生きていく子どもたちへ

　この学習指導要領は、これまでのものと比べて大きく変化しました。「子ども観」や「指導観」の部分が根本から変わったと言ってもよいほどです。**アクティブ・ラーニング**（詳しくは21ページ）という言葉を知っていますか？　もう経験しましたか？　それまでの授業と何が違いましたか？　この学習指導要領のもとでは、理念の実現のために授業スタイルの大きな変換も求めています。

　何が重要で、どう変わったのか。それが説明されているのが学習指導要領の「第1章　総則」なのですが、今回は「総則」の前に、この学習指導要領の理念を述べた「前文」がつけられています。この学習指導要領を実施することによって育つ子ども像が説明されているのです。そこから、大事な言葉が集まっている箇所を段落ごと抜き出しておきます[※1]。

資 料

　これからの学校には、こうした教育の目的及び目標の達成を目指しつつ、一人一人の児童が、**自分のよさや可能性を認識するとともに、あらゆる他者を価値のある存在として尊重し、多様な人々と協働しながら様々な社会的変化を乗り越え、豊かな人生を切り拓き、持続可能な社会の創り手となる**ことができるようにすることが求められる。このために必要な教育の在り方を具体化するのが、各学校において教育の内容等を組織的かつ計画的に組み立てた教育課程である。

　「自分のよさや可能性を認識」「あらゆる他者を価値のある存在として尊重」「多様な人々と協働」「持続可能な社会の創り手」を気にとめておいてください。

※1 「小学校学習指導要領（平成29年告示）」（2017年3月）

前文の理解を深めるために、この学習指導要領によって子どもたちをどう育てたいのかを述べた「答申」の記述をあげておきます※1。「予測困難な時代に生きていく子どもたち一人ひとりが、未来の創り手になってほしい」という願いが込められています。

資料

> 　解き方があらかじめ定まった問題を効率的に解いたり、定められた手続を効率的にこなしたりすることにとどまらず、直面する様々な変化を柔軟に受け止め、感性を豊かに働かせながら、どのような未来を創っていくのか、どのように社会や人生をよりよいものにしていくのかを考え、**主体的に学び続けて自ら能力を引き出し、自分なりに試行錯誤したり、多様な他者と協働したりして、新たな価値を生み出していくために必要な力を身に付け、**子供たち一人一人が、予測できない変化に受け身で対処するのではなく、主体的に向き合って関わり合い、その過程を通して、自らの可能性を発揮し、よりよい社会と幸福な人生の創り手となっていけるようにすることが重要である。

　こうした子ども像に基づいて、学校を卒業した後、予測困難な時代を生きていかなければならない子どもたちには、学校教育で具体的にどんな力をつけてもらいたいと考えたのでしょう。

■ 学習する子どもの視点に立つ

　どんな力なのか、前文に続く「総則」に登場する重要なキーワードを説明していきます。しかし、いままで「学習指導要領って何？」状態だったきみたちに、総則に書かれた重要語句の意味を理解してくださいと言っても、かなりハードルの高い要求だと思います。

　アクティブ・ラーニングに象徴されるように、これまでの学校教育の考え方を大きく転換しなければなりません。その理念が総則には凝縮されています。ただ、あまりにも凝縮されているので、現役の教師でも、総則

※1 「幼稚園、小学校、中学校、高等学校及び特別支援学校の学習指導要領等の改善及び必要な方策等について(答申)」(2016年12月)

だけを読んで、学習指導要領が求めるものを理解し、それを授業の形にすることは困難です。

そこで、総則の説明の前に、この改訂でおそらく最も重要な言葉を一つあげておきます。重要であるにもかかわらず、学習指導要領の本文中には登場しません。

一言で言えば、これは「学習する子どもの視点に立った」学習指導要領なのです。

前出の「論点整理」にはこう書かれています[※1]。

資料

「2.新しい学習指導要領等が目指す姿」より

・各学校が今後、教育課程を通じて子供たちにどのような力を育むのかという教育目標を明確にし、それを広く社会と共有・連携していけるようにするためには、教育課程の基準となる学習指導要領等が、「社会に開かれた教育課程」を実現するという理念のもと、**学習指導要領等に基づく指導を通じて子供たちが何を身に付けるのかを明確に示していく必要がある。**

・そのためには、指導すべき個別の内容事項の検討に入る前に、まずは**学習する子供の視点に立ち**、教育課程全体や各教科等の学びを通じて**「何ができるようになるのか」**という観点から、**育成すべき資質・能力を整理する必要**がある。その上で、整理された資質・能力を育成するために**「何を学ぶのか」**という、必要な指導内容等を検討し、その内容を**「どのように学ぶのか」**という、子供たちの具体的な学びの姿を考えながら構成していく必要がある。

この後出てくる学習指導要領の最重要ワード「資質・能力(何ができるようになるのか)」と「主体的・対話的で深い学び(どのように学ぶのか)」も、「学習する子供の視点に立つ」ことが大前提になっています。意味は後回しにして、言葉同士の関係を頭に入れておいてください。きみたちが教

※1「教育課程企画特別部会 論点整理」(2015年8月)

師になった後も、授業づくりの基本になります。

② 主語は「教師が」から「子供たちが」に

　では、「学習する子供の視点に立つ」とは、どういうことでしょうか。

　教師や学校教育関係者は、無意識に「(この単元や活動を通して)子どもに"〜する力"を身につけさせる」という言い方をします(何だか不自然な日本語に感じます)。主語は「教師が」です。

　これまでの学校教育は、「**教師が子どもたちに何を、どのように教えるか**」という、教師の視点に立ち、教師主導で行われがちでした。子どもたちのほうは、静かに教師の講義を聞き、板書をノートに書き写し、それを覚えるという授業を受けることになります。高校や大学の入学試験でも、そうやって得た知識量がものを言いました。きみたちも、たいていの授業でそんな**"チョーク&トークの授業"**を経験してきたはずです。一斉授業としては効率的な授業スタイルで、日本の子ども全体の基礎学力の底上げには、一定の成果をあげてきました。

　そういう学校教育の在り方を変えようというのが「論点整理」の議論でした。

　では、子どもの視点に立てば、その言い方はどう変わるのでしょう。

　当然、主語は「**子どもたちが**」です。教師主導の"身につけさせる"が、「(授業等における)学びを通して、子どもたちが"〜する力"を(能動的に)身につける」に変わります。学習者である子どもたちは、その授業を通して、自分はどんな力を身につけるのかを自覚し、実感しながら学ぶことになります(具体的には、授業のねらいを明確に示し確認すること、自分の変容を自覚する振り返りを重視した授業が目指されます)。それに伴って、教師が主役になって教え込む授業スタイル(チョーク&トーク)も変えなければなりません(「どのように学ぶか」の部分です)。

　主語と述語が入れ替わったのですから、180度の大転換です。「学習する子供の視点に立つ」という言葉を頭においてキーワードの意味を考える

と、きっと理解が進むと思います。もちろん、きみたちが教師になったときには、常にそれを忘れないでください。

　ただし、間違ってはいけないのは「じゃあ、子どもに勝手にやらせておけばいいのか」といった極論です（この誤解を避けるために、学習指導要領にはあえて書かなかったようです）。子どもたちはまだ、課題の見つけ方、それを解決する適切な学び方を知りません。どうすれば"〜する力"が身につくのかもまだわかりません。

　身につけてほしい力を明確にした上で夢中になって取り組める教材を用意して、子どもたちの思考を的確に整理し、新たな考えを導き出す手助けをするのが教師の重要な役割です。問題解決の方法や学び方を、授業を通して身につけることができるように指導するのです。教師がいなければ、子どもは学べません。

　言い換えると、教師が子どもたちを"教えて育てる（引っ張っていく）"のではなく、教師は子どもが"**自ら成長しようとする手助けをする（持っている力を引き出す）**"のです。educateの語源（ラテン語）はそういうニュアンスを含んでいるようです。

3 学習指導要領にサッと目を通す

⊙ 学習指導要領の枠組み

　「論点整理」に登場した「資質・能力」などの言葉が気になっていると思います。「資質・能力」という言葉の周りに、「何ができるようになるのか」「何を学ぶのか」「どのように学ぶのか」と、相互に関連しそうな言い回しが集まっています。

　この三つは「答申」の中で次のように説明されています[※1]。ここを理解しておけば、学習指導要領がかなり読みやすくなります。

　「学習者（学ぶ子ども）の視点に立った学習指導要領に向けては……」と読んでください。

資料

「学習指導要領等の枠組みの見直し」より

……新しい学習指導要領等に向けては、以下の6点に沿って改善すべき事項をまとめ、枠組みを考えていくことが必要となる。
① **「何ができるようになるか」**（育成を目指す**資質・能力**）
② **「何を学ぶか」**（教科等を学ぶ意義と、教科等間・学校段階間のつながりを踏まえた教育課程の編成）
③ **「どのように学ぶか」**（各教科等の指導計画の作成と実施、学習・指導の改善・充実）
④ 「子供一人一人の発達をどのように支援するか」（子供の発達を踏まえた指導）
⑤ 「何が身に付いたか」（学習評価の充実）
⑥ 「実施するために何が必要か」（学習指導要領等の理念を実現するために必要な方策）

※1 「幼稚園、小学校、中学校、高等学校及び特別支援学校の学習指導要領等の改善及び必要な方策等について（答申）」（2016年12月）

左ページの①と②と③の内容は、次のような関係になります[1]。

> **資料**
>
> 　今回の改訂が目指すのは、学習の内容と方法の両方を重視し、子供の学びの過程を質的に高めていくことです。単元や題材のまとまりの中で、子供たちが**「何ができるようになるか」を明確にしながら、「何を学ぶか」という学習内容と、「どのように学ぶか」という学びの過程を組み立てていくことが重要になります。**

　実際には各教科等の学習内容（「何を学ぶか」）には改訂前と大きな変化はありませんでした。したがって、重要なポイントは「何ができるようになるか」と「どのように学ぶか」です。できるようになるのはどんなことで、学びの過程とはどういうことなのでしょう。

　では、後回しにした「資質・能力」と「主体的・対話的で深い学び」をこれから説明します。

　「学習者である子どもにとって大切な○○を身につけるために、●●による授業改善を図っていこう」というストーリーです。

■ 資質・能力の三つの柱

　「資質・能力」（何ができるようになるか）は「答申」ではこう説明されています[2]。

> **資料**
>
> **「資質・能力の三つの柱に基づく教育課程の枠組みの整理」より**
>
> ……学習する子供の視点に立ち、育成を目指す資質・能力の要素について議論を重ねてきた成果を、以下の**資質・能力の三つの柱として整理**した。……
>
> ①「何を理解しているか、何ができるか（**生きて働く「知識・技能」の習得**）」

※1 文部科学省ウェブサイト「次期学習指導要領等へ向けて～『幼稚園、小学校、中学校、高等学校及び特別支援学校の学習指導要領等の改善及び必要な方策等について（答申）』の概要～」
※2 「幼稚園、小学校、中学校、高等学校及び特別支援学校の学習指導要領等の改善及び必要な方策等について（答申）」（2016年12月）

......

②「理解していること・できることをどう使うか（**未知の状況にも対応できる「思考力・判断力・表現力等」の育成**）」

......

③「どのように社会・世界と関わり、よりよい人生を送るか（**学びを人生や社会に生かそうとする「学びに向かう力・人間性等」の涵養**）」

　この①・②・③を、人がよりよく生きていく上で不可欠な資質・能力として、子どもたちみんなにはぐくもうというのが、学習指導要領の大きなねらいです（その説明は学習指導要領解説35〜36ページに書かれています）。

　そして、どの教科等も、小学校も中学校も高等学校も、学習指導要領の教科等編には、「第1　目標」に「〜資質・能力を次のとおり育成することを目指す」として、①・②・③それぞれについて「（子どもたちが）△△ができるようにする」とか「（子どもたちに）□□を養う」と具体的に書かれています。実際の記述を見ると、「あ、なるほど」と思えます。

　「どの教科等も」「小学校も中学校も高等学校も」と書きましたが、この**教科等横断、学校種の接続（学校種縦断）**も大きな特徴です。幼児教育からスタートして、小学校、中学校、高等学校まで、教科等の壁を越えて、資質・能力の育成を明確な形にして一貫してつなげていこうとしています。これはとても画期的なポイントです（ひとりの人間の成長は連続していることを考えれば当然のことかもしれません）。

　なお、ここまでのことを整理すると、次ページの図のようになります。それぞれの関係性が少し理解しやすくなると思います。

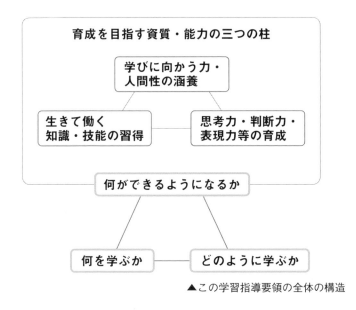

▲この学習指導要領の全体の構造

② 授業改善はどのように進められてきたのか

　「どのように学ぶか」が授業の改善です。

　学習指導要領に出てくる授業改善は「主体的・対話的で深い学びの実現に向けた授業改善」です。しかし、2014年に最初に「諮問」に登場したのは**「アクティブ・ラーニング」**という言葉でした。インパクトがある言葉だったため、それ以来、「答申」が出るまでの２年ほどの間、さかんに使われ、教育現場にすっかり定着したのですが、学習指導要領には一言も出てきません。訳語も定まっていない言葉は使えないということだったようです。代わりに登場したのが**「主体的・対話的で深い学び」**という言葉でした。

　「アクティブ・ラーニング」とはどんな授業なのか、教師たちは一生懸命イメージしながら授業改善に取り組んできました。こんな感じかなと授業イメージがつかめたころ、「主体的・対話的で深い学び」と、具体的な授業改善の視点が示されました。イメージでとらえてきた授業を、「主体的」「対話的」「深い」の観点で具体化することになりました。

「アクティブ・ラーニング」がどんな過程を経て「主体的・対話的で深い学び」に置き換わったのか、ここまで出てきた重要な言葉の相互の関連を整理しておきます。

最重要な視点は**「学習者の立場に立つ」**です。

学習者に、学ぶべき内容がしっかり身につく（＝資質・能力が育つ）ように授業を改善していくことになります。学習者の立場に立った授業スタイルとして提案されたのが、**学習者が能動的に授業に参加して課題を解決しようとするアクティブ・ラーニング**です。

きみたちの多くがこれまで体験してきたのが講義型の授業。教師の講義を静かに聞き、板書を丁寧にノートに書きます（だからチョーク＆トーク）。このスタイルだと「先生の言ってることが、わからない。授業がつまらない」と思うことがしばしばあったと思います。これでは学ぶ子どもたちのための授業になりません。

だから**「受動的なチョーク＆トークから能動的なアクティブ・ラーニングへの転換」**が、この改訂の象徴的な出来事になりました。

数年の間、教師たちは「アクティブ・ラーニングって何？　どうやればいいの？」と一生懸命考えてきました。教師が自分たちで自由に考え試行錯誤する期間を経て、登場したのが「主体的・対話的で深い学び」です。

これはアクティブ・ラーニングの“訳語”ではなく、**「学ぶ子どもたちが授業のねらい（課題）に興味を持って主体的に授業に参加し、ペアやグループ対話によって多様な考え方を共有しながら答えを見つけ、その過程を通して学びを深めていく」**という学習者の姿を示したものだと考えるといいでしょう。この姿がアクティブ・ラーニングの“一例”です。多くの学校でこういう姿が実現できるよう、授業改善が進められています。

もうひとつ、アクティブ・ラーニングへの転換には、子どもたちが**「学び方を身につける」**という役割があります。大人になって“先生（専門家や過去の経験）”がいない状況では、受け身の学び方では課題を解決することはできません。前例がないから、みんなで考えを出し合って（協働）答え

（最適解）を見つけ出す。そういう学び方をきみたち自身が身につけ、教師として子どもたちにも身につくよう指導してあげてください。

3 主体的な学び、対話的な学び、深い学び

　主体的な学び、対話的な学び、深い学びとはそれぞれどういうことか、「学習指導要領解説」に次のように書かれています[※1]。理解を深めるために、「答申」に書かれていた内容も紹介します[※2]。

資　料

> ①学ぶことに興味や関心を持ち、自己のキャリア形成の方向性と関連付けながら、見通しをもって粘り強く取り組み、自己の学習活動を振り返って次につなげる**「主体的な学び」**が実現できているかという視点。

　「答申」では「主体的な学び」については「子供自身が興味を持って積極的に取り組むとともに、学習活動を自ら振り返り意味付けたり、身に付いた資質・能力を自覚したり、共有したりすることが重要である。」と説明されていました。学んだことや身についたことの自覚は大切です。

> ②子供同士の協働、教職員や地域の人との対話、先哲の考え方を手掛かりに考えること等を通じ、自己の考えを広げ深める**「対話的な学び」**が実現できているかという視点。

　「答申」では、「対話的な学び」については「身に付けた知識や技能を定着させるとともに、物事の多面的で深い理解に至るためには、多様な表現を通じて、教職員と子供や、子供同士が対話し、それによって思考を広げ深めていくことが求められる。」と説明されていました。必ずしも"子ども同士の対話"ではないことを気にとめてください。

※1 【総則編】小学校学習指導要領（平成29年告示）解説」（2017年7月）
※2 「幼稚園、小学校、中学校、高等学校及び特別支援学校の学習指導要領等の改善及び必要な方策等について（答申）」（2016年12月）

③習得・活用・探究という学びの過程の中で、各教科等の特質に応じた「見方・考え方」を働かせながら、知識を相互に関連付けてより深く理解したり、情報を精査して考えを形成したり、問題を見いだして解決策を考えたり、思いや考えを基に創造したりすることに向かう**「深い学び」**が実現できているかという視点。

　「答申」では「深い学び」については「子供たちが、各教科等の学びの過程の中で、身に付けた資質・能力の三つの柱を活用・発揮しながら物事を捉え思考することを通じて、資質・能力がさらに伸ばされたり、新たな資質・能力が育まれたりしていくことが重要である。教員はこの中で、教える場面と、子供たちに思考・判断・表現させる場面を効果的に設計し、関連させながら指導していくことが求められる。」と説明されています。

　①②③が具体的に子どもたちの姿としてどのように表れるのかは、Chapter 3で説明します。

　こういう視点を持った授業改善は、急速に進みました。それにしても、「教師が講義する」から「子どもたちに対話させる」へと授業スタイルが180度変わるというのに、「やるぞ」と決めて取り組む教師たちの努力はすごいなと思います。きみたちも先輩の姿を見習ってください。

　新しい授業スタイルでは黙々と教師の話を聞いているわけではないので、小学生も中学生も、授業に楽しそうに"参加"しています。ひとりで考えているより、仲間と語り合ったほうが頭が活発に働きます。

　総則の理解はハードルが高いと書きましたが、**「資質・能力」**と**「主体的・対話的で深い学び」**の二つは、頑張って理解してください。

4 異なる考え方を受容して多様な他者と協働する

　このように、「学習する子どもの視点に立った」授業改善(どのように学

ぶか)の論議が重ねられてきました。整理すると、子どもたちに身につけてもらいたいのは、知識や経験を基に問題を解決する力、そのための学び方(対話など問題解決のための手順や方法)です。必要な知識や最新の統計などはインターネットを通して"その場で"得られます。コロナ禍をきっかけにICT環境の急激な整備が進み、多くの学校で授業ではタブレット端末の使用が可能になりました。

2022年以降に高校に入学した人は、高校で**「探究学習」**(課題解決型の学習)を十分に経験することになります(2021年以前にも移行措置で**「探究」**はすでに実施されています)。

では、「学習する子どもの視点に立った」授業改善について、きみたちにも少し考えてほしいので、【課題】を設定します。中学校や高校で経験があればそれに基づいて(総合的な学習の時間では、こんな学び方をしてきたはずです)、経験がなければここまでの説明を参考資料にして考えてください。

📖 小論文・面接ではこう問われる！

課 題 **アクティブ・ラーニング(「主体的・対話的で深い学び」の視点によって改善された授業)のイメージを書いてください。これまできみたちが受けてきた授業との比較でもかまいません。**

💡 考えるヒント

アクティブ・ラーニングという言葉は、「新たな未来を築くための大学教育の質的転換に向けて」という答申(2012年)に登場しました。そのときは「能動的学修(アクティブ・ラーニング)」と表記されました。

それから2年後、学習指導要領改訂の「諮問」では「課題の発見と

解決に向けて主体的・協働的に学ぶ学習(いわゆるアクティブ・ラーニング)」と書かれました。そしていまは、「主体的・対話的で深い学び」と理解されています(ここに至るまでの経緯はP21の「授業改善はどのように進められてきたのか」で説明しました)。

いずれにしろ、「受動的(受け身で教師に教えてもらう)ではない」学び方です。

授業ではまず、その日の授業(あるいは単元)のねらいを明確にします。学習者の立場で見ると、自分たちはこの授業で何を解決し、どんな力をつけるのかを意識します。そして、受け身ではなく、まず、自力で考え、次にペアやグループで話し合います。ひとりでポツンと「先生の言ってることは、わからない。つまらない」と思っていなくていいわけです。わからなければグループの友達に「これ、どういうこと?」と質問すればいいし、友達の考えを聞いて「あ、そういうことなんだ」と気づき、再度、自分の考えをつくっていきます。そして全体交流(学級全体で最初にあげた課題の解を確認)。おおむねそんな授業スタイルです。

型にはめるのは、いいことではありませんが、まだ初期段階なので、そんなかんじで授業改善は進んでいます。

アクティブ・ラーニングの基本は、他者の考えを聞き、自分と異なる考えであってもいったん受け入れる(判断の材料にする)こと。だから「聞く」ことがとても重要になります。アクティブという語感から「自分の考えを積極的に発言する」ことを重視しがちですが、まず「聞く」ことから始まります。

「(議論好きな)フランスのクラスルームでは、まず『教科書に書いてあることは、本当に正しいのか?』という議論から授業が始まる」と聞いたことがあります。アクティブ・ラーニングでは、こんな問題提起も可能です。

　クラスがある結論に向かっている時でも、「ちょっと待って。こうは考えられない？」という発言も容認されます。クラスで議論しながら、友達の発言に「なんか違う気がするんだよね」と思っていた子がいるはずです。それを発言することで、他の子どもたちは、そこから新たな視点や考え方を得られます。みんな同じでなくていいし、むしろ違ったほうが、考えは広がり深まります。

　多様な他者を認め合うこと(それを前提として、多様な他者との協働)を基本とするので、クラスづくりにもよい影響を及ぼします。友達や教師が自分の考えを受容してくれるので、ちょっといい気持ちになって自己肯定感も高まっていきます。そういう授業スタイルが、子どもたちには楽しいのかなと思います。

　子どもたちだけでなく、教師もひとりの学習者として、子どもたちと一緒に、正解のない課題の最適解を見つけようとすることは楽しいかもしれません。常に「子どもたちに、すべてを教える存在」でなければならないのは、けっこう辛いものです。

　さまざまな可能性を見つけて、いつか実践してください。

コラム　頑張って総則を読んでみようかなと思う人に、参考までに

◎総則の構造と重要語句

　「学習指導要領第1章　総則」は第1〜第6で構成されています。それぞれはこういうことを述べています。

・第1　小(中)学校教育の基本と教育課程の役割　⇒**何ができるようになるか**

- 第2　教育課程の編成　⇒**何を学ぶか**
- 第3　教育課程の実施と学習評価　⇒**どのように学ぶか、何が身についたか**
- 第4　児童（生徒）の発達の支援　⇒**子どもの発達をどのように支援するか**
- 第5　学校運営上の留意事項　⇒**実施するために何が必要か**
- 第6　道徳教育に関する配慮事項

P18の①～⑥がこのように反映されています。

総則を読みながら、以下のこんな言葉を気にとめてください。

第1の「**カリキュラム・マネジメント**」

第2の「**言語能力、情報活用能力（情報モラルを含む。）、問題発見・解決能力等の学習の基盤となる資質・能力を育成**」及び「**現代的な諸課題に対応して求められる資質・能力**」

第2の「**幼児期の終わりまでに育ってほしい姿を踏まえた指導を工夫**」及び「**中学校教育及びその後の教育と円滑な接続が図られるよう工夫する**」

第3の「**各教科等の特質に応じた見方・考え方を働かせながら**」

　第1と第2に出てくる言葉は本書のChapter 3とChapter 4で説明します。ここでは、「各教科等の見方・考え方」を説明しておきます。

5 見方・考え方～現実社会の課題は"教科の縦割り"ではない

　「見方・考え方」を説明した記述を「答申」からあげておきます[※1]。

資料

（各教科等における**習得・活用・探究という学びの過程においては**）"**どのような視点で物事を捉え、どのような考え方で思考していくのか**"という、**物事を捉える視点や考え方も鍛えられていく**。こうした視点や考え方には、教科等それぞれの学習の特質が表れるところであり、例えば算数・数学科においては、事象を数量や図形及びそれらの関係などに着目して捉え、論理的、統合的・発展的に考えること、国語科においては、対

※1 「幼稚園、小学校、中学校、高等学校及び特別支援学校の学習指導要領等の改善及び必要な方策等について（答申）」（2016年12月）

象と言葉、言葉と言葉の関係を、言葉の意味、働き、使い方等に着目して捉え、その関係性を問い直して意味付けることなどと整理できる。

　こうした**各教科等の特質に応じた物事を捉える視点や考え方が「見方・考え方」であり、各教科等の学習の中で働くだけではなく、大人になって生活していくに当たっても重要な働きをする**ものとなる。私たちが社会生活の中で、データを見ながら考えたり、アイディアを言葉で表現したりする時には、学校教育を通じて身に付けた「数学的な見方・考え方」や、「言葉による見方・考え方」が働いている。**各教科等の学びの中で鍛えられた「見方・考え方」を働かせながら、世の中の様々な物事を理解し思考し、よりよい社会や自らの人生を創り出している**と考えられる。

　あらためて「見方・考え方」と言われると、何か新しい概念のようにも思えますが、特に難しくとらえる必要はなさそうです。

　この学習指導要領では子どもたちに、これまで以上に意識的に、学校を卒業した後に確実に使える力をはぐくもうとしています（「社会に開かれた教育課程に」という考え方）。

　本来、知識は蓄えるものではなく、使うものです（もっと言えば、使うことで新たな知を生み出すものです）。だから、基礎学力とは知識・技能の習得ではなく、それを活用できる力まで含むという考え方もあります。きみたちが小6・中3で受けた全国学力・学習状況調査（詳しくはChapter 2）では、A問題が基礎、B問題が活用だとされていましたが、2019年度の調査からはAとBが一体化した問題で実施されるようになりました。

　これまで、入学試験に代表される「テスト」は、極端に言えば「知識量」を競うような形式で行われてきました。それではいけないと、小論文などが導入されましたが、改訂がもたらす改革が進めば、さらに入試も大きく変化しなければなりません。ある中学校では、定期テストにノートの持ち込みをOKにしました。現実世界ではあらゆる知識を活用して課題解決に

あたるのですから、それも当たり前かもしれません。

この「見方・考え方」（を働かせる）においても、世の中の課題は「これは国語で扱う課題」「これは数学の課題」と"教科の縦割り"になっているわけではないので、国語的なアプローチや数学的なアプローチなどをフル活用して課題解決にあたろうというものです。

社会に出てから、子どもたちにそれができる力（資質・能力）を育て、協働して課題の解決に向かえる学び方（アクティブ・ラーニング）を身につけてもらいたいというのが、学習指導要領全体のねらいです。「社会に出てから」とは、「丁寧に指導してくれる教師（あるいはそれにあたる人）が身近にいない状況で、自分たちで考え判断しなければならない」ということです。

もっとよく理解してもらえるよう、こんな例を紹介します。

市販の緑茶の500 mlペットボトルがあります。ここに各教科等の見方・考え方を働かせると、緑茶のペットボトルがどう見えますか？

日本のお茶の生産地は？　3人で均等に分け合うには？　お茶の成分や栄養素は？　PETの意味や化学式は？　PETボトル、エコキャップの処理は？　環境への影響は？　説明文に書かれている重要個所は？　この商品のネーミングは？　ラベルのデザインは？　本来のお茶のいれ方は？

同じ対象物でも、さまざまな見方ができます。緑茶のペットボトルが何かの課題だとすると、多様な視点から課題にアプローチすることは、課題解決の手掛かりになります。

けっして複雑なことではなく、そんなふうに考えておいてください。

ついでに課題にしてみます。

📖 小論文・面接ではこう問われる！

課題 総合的な学習の時間のテーマに取り上げられることも多い「環境問題」。ここに各教科等の「見方・考え方」を働かせると、どんな探究（問題解決学習）課題が設定できますか（どんな視点で環境問題にアプローチするか）。国語、社会、算数（数学）、理科、生活、音楽、図画工作（美術）、家庭（技術・家庭）、体育（保健体育）、外国語、道徳から3教科を選んで組み合わせて、探究課題を設定してください（たとえば「地球温暖化」→A班は理科的視点で温暖化の仕組み、B班は社会科的視点でカーボンニュートラルなど二酸化炭素排出量削減への各国の取り組みの差、C班は家庭科的視点でレジ袋有料化を効果あるものにするには……など）。

💡 考えるヒント

社会科と理科と家庭科はすぐにイメージできそうです。算数・数学科や道徳科もできるでしょう。生活科や保健分野もいけそうです。でも、もしも本当に出題されたなら、きみ自身の個性的な視点も入れたいところです。音楽、美術、外国語からの環境問題へのアプローチもイメージできますか？

（「レジ袋有料化の実効性」でも、いろいろなアプローチができそうです。理科や数学科、家庭科のほかに美術科で使い勝手のいいエコバッグをデザインするとか）。

2019年に出現した新型コロナウイルスは、私たちにさまざまな「見方・考え方」を提供する題材です。医療、科学、政治、経済、数学、地理、道徳など、教科（分野）の見方・考え方を働かせて、子どもたちと一緒に課題の解決に向かってみてください。

学校を取り巻く環境の変化と"学校の当たり前"

Chapter 2で学ぶこと

きみたちが小学校に入学した時にはなかったのに、いまでは当たり前になっていることが、たくさんあります。徐々に変化していったので、きみたちが小・中・高校時代に経験したこともたくさんあるはずですが、児童・生徒としてはあまり意識したことはなかったでしょう。

「気にもとめずに経験していたけれど、実は学校にとっては画期的な出来事だった」ことをいくつか紹介します。教師にとっては、どれもきわめて重要です。

1 "学校の当たり前"の始まり

⬢ 凡事徹底——当たり前をつきつめる

　"学校の当たり前"という表現は、私が関係している教育雑誌で使ってきました。

　使い始めたきっかけは、2007（平成19）年度から始まった**全国学力・学習状況調査**（文部科学省）です。この調査では、全国（国・公・私立）の小学6年生と中学3年生全員が対象になりました。（これを悉皆調査といいます）。途中、政権交代で3割程度の抽出調査になった年（2010・2012年度）や、東日本大震災・津波のために中止になった年（2011年度）もありましたが、現在も継続中です（2020年度は新型コロナウイルス感染症の蔓延による休校等のため中止されました。2021年度は実施）。

　きみたちはこの調査は体験済みなので、最小限の説明にとどめます。

　調査が開始された時点での実施教科は国語と算数（数学）のみで、それぞれが主に知識に関するA問題と主に活用に関するB問題に分かれていました。2012年度からは理科が3年に一度程度実施されています。2019年度調査から教科の調査区分が変わり（AとBとが統合されました）、中学校では英語が加わりました（英語も3年に一度程度実施）。

　学力調査とともに**児童・生徒及び学校質問紙調査**も行われます。こちらは、質問について「そう思う」「どちらかといえば、そう思う」などの選択肢で回答します。

　実施は4月（2021年は5月）で、夏休みごろに集計結果が各学校に配付され、学校ではそれをもとにして、その後の自校の児童・生徒の学力等の課題の改善に取り組みます。

　学力テストではなく、調査なので、他校や他県と競うのではなく、**課題の発見と改善が目的**です。そのため、調査結果はかなり細かいところまで

公表されます。国立教育政策研究所のウェブサイトに第1回めからすべて載っているので、興味があれば見てみてください。

調査結果は全国版とともに、都道府県ごとにも公表されます(2017年度からは政令指定都市の結果も公表されています)。第1回めの調査で一気に全国の学校教育関係者の注目を集めたのが秋田県でした。平均正答率は児童・生徒ともほぼトップ。調査が始まるまで、都道府県間の学力比較など、誰もデータを持っていないので、この結果は驚きを持って受け止められました[※1]。

質問紙調査(児童・生徒、学校とも)でも秋田県は、「そう思う」という肯定の回答が、多数の項目で全国の数値を大きく上回りました。

たとえば、その後のアクティブ・ラーニングのベースになるような指導についての項目には、こんな数値が出ました(学校質問紙より)[※2]。質問に対して、「行っている」と答えた学校の割合です。秋田県の小・中の数値の差があまりないこと、中学校の数値の高さに注目です。

◆「児童・生徒の発言や活動の時間を確保して授業を進めていますか」
（2008年度）
【小学校】秋田県39.9%―全国38.5%
【中学校】秋田県34.8%―全国22.9%
◆「児童・生徒の様々な考えを引き出したり、思考を深めたりするような
発問や指導をしていますか」(2008年度)
【小学校】秋田県29.7%―全国28.9%
【中学校】秋田県30.3%―全国17.0%

また、2007年度の小学生の次の姿にも全国の学校教育関係者は驚き、その後、家庭学習の重要性が再認識されました。

※1 順位は出されませんが、都道府県それぞれの平均正答率を比べれば判明してしまいます。
※2 国立教育政策研究所ウェブサイト　教育課程研究センター「全国学力・学習状況調査」

◆「家で学校の授業の復習をしていますか」(2007年度)
秋田県39.1%─全国14.2%
(YES＋どちらかといえばYESでは、秋田県74.5%─全国40.1%)

　当時、秋田県の教育委員会では「(自分たちにとって)当たり前のことを
やってきただけ。それがこんな結果になって、驚くと同時に、やってきた
ことが間違っていなかったと自信になった」ととらえていました。“当た
り前”という表現を使うようになったきっかけは、ここに由来します。

　当たり前のことを徹底し、継続することが、やがて成果となって表れて
きます。取り組みの成果が表れるのに時間がかかる教育では、特にそうだ
と思います。

➡ 秋田県の取り組みが全国へ

　さて、この結果から「秋田県の子どもたちの高い学力の背景には、どん
な指導や子どもたちの育ちがあるのだろう」と考えられ、全国のたくさん
の学校や教育委員会が視察に訪れました。そして、秋田県の授業スタイル
や指導方法が全国に拡散していきました。秋田県の学校が伝統的に行っ
てきた「**探究型(課題解決型)の授業**」が、主体的・対話的で深い学びの原型
になったとも言われています。

　その結果、10年後の2017年度調査の数値が次のように変化しました。前
のページで紹介したうち、二つめの質問の数値の変化を見ます[1]。

◆「(児童・生徒の)様々な考えを引き出したり、思考を深めたりするよう
　な発問や指導をしましたか」(2017年度)
【小学校】秋田県43.0%─全国34.9%
【中学校】秋田県43.1%─全国28.2%

[1] 国立教育政策研究所ウェブサイト　教育課程研究センター「全国学力・学習状況調査」

つけ加えると2017年度には「行っている」と「どちらかといえば行っている」を合わせると、全国の小学校の95.5%、中学校の93.9%でこうした指導が行われています。アクティブ・ラーニングという追い風が吹いたこともありますが、最初は"秋田県の当たり前"だったことが、10年経って**"学校の当たり前"**として、全国で行われるようになりました。

いまはどこの学校でも当たり前に行われている「その日の授業のねらい(学習課題)を板書する(明確にする)」「授業の振り返りを書く」も調査をきっかけにした大きな変化です(直接的な質問が調査に初めて登場したのは2013年度)。逆に見れば、かつては、こうしたことをおろそかにして授業が進められているケースが多かったわけで、まさに"教師が主体の授業"が行われてきていました。

この変化を、ネガティブなイメージを持って「画一化」とはとらえないでください。

都道府県別の学力がある程度数値化されたことで、学校教育関係者の間に「学力との相関が認められる取り組みをどんどん取り入れよう」という姿勢が生まれてきました。そのおかげで、**義務教育段階の都道府県間の学力差は小さくなっています**(「底上げが図られた」ととらえてください)。

ともすれば、変化を求められても慎重でなかなか行動に移せない学校教育においては、画期的な変化です。学習指導要領の改訂で求められた授業改善(具体的な授業づくり)は必ずしも"いきなり登場した概念"ではなく、2007年以来、少しずつ変化していたのです。そのため大きな変換だったにもかかわらず、授業改善は比較的スムーズに進行したのだと思います。

全国学力・学習状況調査から派生した"当たり前"はこの後の🗓(→56ページ)でも取り上げます。

② 学校を取り巻く環境の当たり前

➡ コミュニティ・スクール(CS)

■ 社会に開かれた教育課程の始まり

全国学力・学習状況調査の開始よりも少し時間をさかのぼります。日本の公立学校の変遷における画期的な出来事は、**コミュニティ・スクール**の定着です。

学校が"閉鎖的で孤立した社会"にならないように、「開かれた学校づくり」とか「地域とともにある学校」を目指そうということは、1980年代から言われ続けていました。しかし、子どもたちの安全面や、高度専門職である教師が学校に"部外者"が立ち入ることを嫌うなどの理由で、容易には進展しませんでした。その堅く閉ざされた学校の扉を開くきっかけになったのが、**総合的な学習の時間**です。

1998年改訂の学習指導要領に総合的な学習の時間が誕生して以来、地域(主には校区)の人々やある分野の専門家を**ゲストティーチャー**として授業に招くようになりました。教科書のない総合的な学習の時間の授業では、教材を学校の外に求める必要性があったからです。授業という教師の最も重要な仕事を、一部とはいえ教師ではない人に任せる。これだけでも、学校にはかなりの変化でした。

ゲストティーチャーのような地域との連携は、いまはもう、どこの学校でも当たり前に行われています。

② 市民と学校との協働を実現する仕組み

一方、1998年の改訂では、実施前から「**ゆとり教育が学力低下を招く**」と言われて学校が批判にさらされ、公立校離れによって私立中学校受験が過熱する現象が起きていました(「ゆとり教育」というのは、新聞やテレビ

などのメディアがつくった名称です）。

　この学習指導要領で本当に学力が低下するのかどうか、明確な根拠があったわけではありません。でも、私立学校ほどには教育課程に特色を持たせられない公立学校では、各教科等の内容削減・授業時数減のために学力が十分に身につかないのではと懸念されました。一種の風評被害です。このころ導入されたのが、通称**コミュニティ・スクール**（以下、CSと表記します）。**"市民による公立学校経営への参画"**でした。

　その仕組みを説明します。正式には「**学校運営協議会制度**」といいます。学校運営協議会を設置し、市町村教育委員会の指定を受けた学校がCSです。

　学校運営協議会は"学校経営に関する最高意思決定機関"のようなものです。市民（PTA役員等、同窓会長、地域の自治会長等、有識者など）及び教育委員会を含む学校関係者で構成されます。委員は10〜15人。CSは現在次のように定義されています[1]。

資　料

　コミュニティ・スクールは、**学校と保護者や地域の皆さんがともに知恵を出し合い、学校運営に意見を反映させることで、一緒に協働しながら子供たちの豊かな成長を支え「地域とともにある学校づくり」**を進める法律（地教行法[2] 第47条の5）に基づいた仕組みです。

　実は、創設時のCSには「そんなに学校が信用できないのなら、市民も学校経営に参画してください」といったニュアンスも感じられました。しかし現在の定義からは、当初とは全く違った良好な関係を築きながら発展してきたことがわかります。

※1 文部科学省ウェブサイト「コミュニティ・スクール（学校運営協議会制度）」
※2 地教行法＝地方教育行政の組織及び運営に関する法律

③ 意見が割れたことは一度もない

　学校運営協議会の主な役割（法律で決まっています）は、「校長が作成する学校運営の基本方針を承認すること（必須）」「学校運営について、教育委員会又は校長に意見を述べることができること」「教職員の任用に関して、教育委員会に意見を述べることができること」です。

　必須事項の「承認」は、「（説明を受け議論を尽くした結果）承認拒否→やり直し」も可能にします。

　CS第1号になった東京のある小学校では、学校運営協議会は市民代表6名・学校関係者代表5名で構成されていました。これは、もしも意見が割れて票決になった場合、市民の意見が優先されることを意味していました。前述のニュアンスはこんな形となって表れていました。

　しかし現実には、この学校で票決に持ち込まれたことは一度もなかったそうです。学校の経営・運営にかかわることになった市民は、「学校を監視してやろう」「学校を市民が運営しよう」というのではなく、「自分たちも何か学校の力になりたい」という気持ちを持っていました。あいさつや食事の指導など、本当は家庭や地域がすべきことまで学校任せにしてきた反省も込められていたようです。

　この学校に限らず、基本的には市民にそういう思いがあったため、適度に市民の視点を取り入れつつ、制度は発展的に現在に続いてきています。単なる市民ボランティアによる学校支援ではなく、**“一定の責任を持って学校経営に参画する”**という立場で学校にかかわることも、プラスに作用したようです。

　学習指導要領の前文には「社会との連携及び協働によりその実現を図っていくという、社会に開かれた教育課程の実現が重要となる」と書かれています。20年近くかけて、CSに象徴される学校と地域（社会）との良好な関係が築かれてきたからこそ、ここまで踏み込むことができたのでしょう。

4 いまでは公立小・中学校の30%がCSに

CSが制度化されたのは2004年(平成16年)度です。その年の11月には東京都足立区の小学校１校と京都市の小学校２校・中学校１校がCSとしてスタートしました。

達成目標は3000校。公立小・中学校の１割をCSにしたいという目標を掲げてはいました。とはいえ、日本人の気質にはなじみにくい制度が果たして根づくのかどうか、導入を提唱していた人々にも確信はなかったそうです。

なかば強引に学校を開いた形で４校からスタートしたCSは、いま、どうなっているのでしょう。

2017(平成29)年４月１日の時点で学校運営協議会をおく学校・園の数は3,600(前年度比794増)。内訳は(カッコ内は前年度比)、幼稚園115(＋６)、小学校2,300(＋481)、中学校1,074(＋239)、義務教育学校(Chapter 4で説明)24(＋17)、中等教育学校１(＋１)、高等学校65(＋40)、特別支援学校21(＋10)※1。

このうち、小学校＋中学校＋義務教育学校(小中一貫校)で3,398校となり、**3,000校の目標を達成**しました。きみたちの中にも出身小・中学校がCSだったという人(計算上は10%以上)がいるのではないでしょうか。

CSをおく動きは、さらに加速します。2017年３月に前出の法律(地方教育行政の組織及び運営に関する法律)が改正されて学校運営協議会の設置が努力義務となりました。そのため、数も大きく増えました。

2020(令和2)年７月１日の時点では(カッコ内は各校種に占める割合)、幼稚園237(7.8%)、小学校5,884(31.0%)、中学校2,721(29.5%)、義務教育学校76(62.8%)、中等教育学校3(9.1%)、高等学校668(18.9%)、特別支援学校199(18.3%)。合計9,788園・校(27.2%)。

また、設置している市区町村教育委員会は850(市町村立校)、都道府県教育委員会は29(都道府県立校)で、これは全体の48.5%にあたります。市区町村内の全小・中学校がCSというところもあります(逆に設置ゼロも1

※1 文部科学省ウェブサイト「コミュニティ・スクールの導入・推進状況について」

県あります）。

　"当たり前"というにはまだ物足りない数値かもしれませんが、その存在は確かなものになっています。

CSはなぜ、日本の学校に根づいたのか

　これから教師になるきみたちには、できるだけCSのメリット（地域との連携の重要性）を認識しておいてほしいので、課題を設定します。校長や副校長・教頭など管理職はCSを歓迎している一方で、実は現実の問題として、教師たちの中にはいまだに外部の人々との協働が苦手だという人がいます。でももう、それでは学校も教師もやってはいけません。

📖 小論文・面接ではこう問われる！

課題① CSはなぜ学校に根づいたと思いますか。
課題② 市民（地域住民や保護者など）が責任を持って学校運営にかかわるCSだから可能になることを考えてください。

💡 考えるヒント

課題① 入試小論文でも、学校と地域の連携について問われることがあります。「○○という課題のために、学校や地域社会のどんな取り組みが必要と考えるか？」といった形です。CSの取り組みについてもヒントになるでしょう。

　課題①は、「責任」がキーワードになります。私見ですが、CSが根づいたのは、外部の人たちも学校経営に対する責任を担う仕組みにしたからだと思っています。学校に対して好き勝手な意見を言うのではなく、学校に不備があれば、自分たちも責任を持ってその改善に

あたる。頼まれたことをただ手伝うだけよりも、やりがいを感じられると思いませんか？　しかも、その結果、子どもたちから笑顔で「ありがとう」と言われる。そういう関係を築けたことが大きな要因だと思っています。

学校（教師）のほうも、こうして学校にかかわってくれる人々が"自分たちの味方"だと実感できるようになりました。ある学校では、学校で起きた問題に関する保護者への対応に、学校運営協議会の委員が「自分たちの責任でもある」と言って、校長や教師と同席してくれたこともあったそうです。

子どもたちに対して何から何まで学校が責任を持つのが当たり前だ、それが教師の使命だと思って、教師はこれまで頑張ってきました（これを日本型学校教育といいます）。しかし、時代が変わり、過去にはなかった複雑な問題（家庭や社会そのものの問題）が学校に持ち込まれてきました。もう、教師だけで子どもをはぐくむことは限界に達しています。CSは、これまですべてを学校任せにしてきた市民が若干の自戒を込めて、地域や国の将来を担う子どもたちをはぐくむ責任を、学校とともに果たす仕組みでもあります。

課題②　CSによって何が可能になるでしょうか。自分が教師だったら外部の人々と協働（コラボレーション）でこういうことがしたい、できるかもしれないと想像してみてください。

公立学校の校長は3年ほどで異動になります。校長が代わると、去年まで行われていた活動が突然なくなることがあります。CSでは、学校運営協議会で「これはなくさないでほしい」と強い要望が出れば、新しい校長のもとでも活動を継続することができます（それを反映した教育課程が作成されることになります）。

学校（教師）には"学校の常識"といわれるものがあり、それは社会（一般市民）との間にズレがある場合があります。外部の人たちが学

校運営にかかわることで、その修正ができます。

多忙の問題を抱える教職員にとっては、地域と連携した学校運営が実現することで、業務の改善が図れる可能性があります。教師は、子どもたちに関係する活動は1（立案）から10（実施）まですべて自分でやろうとします。でも、そのうちのいくつかは保護者や地域の人たちでもできることもあります。1から9まで保護者や地域の人々に任せて、教師は10だけに専念した活動も、実際にありました。学校と保護者・地域との信頼関係が築ければ、そういうことも可能です。

子どもたちにとっては、学校内外の行事・活動を通して、教師・保護者以外の大人との人間関係が広がります。学校外に顔見知りの大人が増えれば校外の安全・安心につながります。何かで褒められれば自己肯定感も高まります。そうしたことを通して地域への愛着や関心が育っていくでしょう。少子化の時代、それも大人の役割です。

地域にとっても、いわゆるWin-Winの関係がつくれます。高齢化が進む地域社会にとって中学生は昼間も校区にいる若者として、防災においてとても頼りにされています。地域と中学校とが協働で防災訓練を実施するケースもあります。

学校が一方的にお願いするボランティア（無償で働いてくれる人の意味）ではなく、地域の人たちも学校を運営するメンバーという視点で考えてみてください。

➡ 学校関係者評価

◼ 学校の教育活動改善に役立てられる

学校関係者評価は、きっと、きみたち全員が経験しています。

始まりは2004（平成16）年ごろです。学校と社会との関係がまだ良好ではなく、これもニュアンスとしては学校の教育活動を保護者や市民（地域

の人々)に評価(チェック)してもらおうというものでした。

　当時は学校評価と呼ばれていました。学校の教育活動についてのかなり細かいアンケート調査で、参観日や行事の機会にしか学校を訪れない保護者や地域の人々には的確に回答できないような質問項目が並んでいました。率直に言えば、「市民の声を聞いて、学校経営に反映させている」という証拠づくりのためのもので、両者にとって"やらされている"感がある、必ずしも建設的とは言えない取り組みでした。

　2006(平成18)年には「**学校評価ガイドライン**」が策定されました(その後、2008年、2010年、2016年に改訂)。

　学校評価が本当に学校の教育活動改善に役立てられるようになったのは2012年ごろからです。この間、CSも増え続けており、学校と地域の関係も良好になっていました。

　2016(平成28)年改訂の「学校評価ガイドライン」には、学校評価の目的が次のように述べられています[※1]。

資料

学校評価ガイドライン「学校評価の目的」より

①各学校が、自らの教育活動その他の学校運営について、目指すべき目標を設定し、その達成状況や達成に向けた取組の適切さ等について評価することにより、**学校として組織的・継続的な改善を図る**こと。

②各学校が、自己評価及び保護者など学校関係者等による評価の実施とその結果の公表・説明により、適切に説明責任を果たすとともに、保護者、地域住民等から理解と参画を得て、**学校・家庭・地域の連携協力による学校づくりを進める**こと。

③各学校の設置者等が、学校評価の結果に応じて、学校に対する支援や条件整備等の改善措置を講じることにより、**一定水準の教育の質を保証し、その向上を図る**こと。

※1 「学校評価ガイドライン[平成28年改訂]」

学校評価は法的に規定されているので、いまはどの学校でも行われ、評価結果は学校のウェブサイトなどで公表され、教育委員会に報告されています。

②に「学校・家庭・地域の連携協力」とありますが、学校運営上の不備が見つかれば、CSの学校では協働で必要な改善にあたることになります。

また、②には「保護者など学校関係者等による評価」（学校関係者評価）とありますが、「学校関係者」には当然、当事者である児童・生徒が含まれます。

児童・生徒用では「算数の授業はよく理解できますか」「先生は自分たちの話をよく聞いてくれますか」「運動会には楽しく参加できましたか」など、学校生活の満足度が質問されます。学ぶ子どもの視点に立った教育課程を実施していくわけですから、ますます重要になります。

また、保護者や地域には、参観日や行事のときにアンケートを実施、「教師の板書は丁寧でしたか」「子どもたちにたくさん発言させていましたか」など、学校が重点をおく内容について、的確に答えやすい質問（数項目）の仕方をしています。

CS同様、学校と地域との関係が良好になったことを理解してください。この仕組みが検討され始めたころからすると、公立学校にとっては画期的な変化でした。

幼保小連携、小中連携（それぞれの円滑な接続）

■ 縦（学校種間）のつながりも重視される

「幼保小連携」、「小中連携」については、Chapter 4で詳しく取り上げます。ここではごく大まかにふれます。

CSや学校評価は、学校と家庭・地域との横に広がる連携でした。それに対して、「幼保小」、「小中」は学校種間の縦につながる連携になります。

この縦の連携は、学習指導要領の総則に明記されています[1]。

※1 「【総則編】小学校学習指導要領（平成29年告示）解説」（2017年3月）

「第2 教育課程の編成　4 学校段階等間の接続」より

(1)　幼児期の終わりまでに育ってほしい姿を踏まえた指導を工夫する
ことにより、幼稚園教育要領等に基づく幼児期の教育を通して育まれ
た資質・能力を踏まえて教育活動を実施し、**児童が主体的に自己を発
揮しながら学びに向かうことが可能となるようにすること。**

(2)　中学校学習指導要領及び高等学校学習指導要領を踏まえ、中学校
教育及びその後の教育との円滑な接続が図られるよう工夫すること。
特に、義務教育学校、中学校連携型小学校及び中学校併設型小学校に
おいては、**義務教育9年間を見通した計画的かつ継続的な教育課程を
編成する**こと。

「幼児期の終わりまでに育ってほしい姿」は後で説明します。小学校の
教師には、入学してきたばかりの子どもたちが"まだ何もできない小さな
子"に見えてしまいます。でも本当は幼児教育で培われてきた"できるこ
と"がたくさんあるわけで、その力を円滑に小学校教育につなげてくださ
いと、(1)では言っています。

　二つめです。"中1ギャップ"(新入生が中学校スタイルになかなか適応
できない)という言葉を知っていると思いますが、小中間のギャップは教
師間にも存在しました。お互いの教科書さえ見たことがない、ましてお互
いの授業も見たことがない……。それが、かつての"当たり前"でした。何
だか不自然だと思いませんか?　それではダメですよと言っているのが
(2)です。

　子どもたちの資質・能力を、幼児教育から高等学校まで連続して育てて
くださいというのが、学習指導要領の理念です。すでに小中合同の授業研
究会なども行われるようになり、これからはお互いの理解と連携が"当た
り前"になっていきます。

3 学校の中の当たり前

➡ 特別支援教育

1 特殊教育から特別支援教育へ

きみたちが学んだ小学校や中学校の多くには、特別支援学級がおかれていたはずです(該当する児童・生徒が在籍しない場合は設置されません)。そこで行われていたのが「**特別支援教育**」です。これも現在では学校の当たり前になっています。

特別支援教育の詳細はChapter 4で説明します。ここでは、すでにそれが学校教育において当たり前であることを理解しておいてください。いずれ、きみたちも必ずかかわることになります。

文部科学省では、特別支援教育を次のように説明しています[1]。

> **資料**
>
> ### 特別支援教育について
>
> 「特別支援教育」とは、**障害のある幼児児童生徒の自立や社会参加に向けた主体的な取組を支援する**という視点に立ち、幼児児童生徒一人一人の教育的ニーズを把握し、その持てる力を高め、生活や学習上の困難を改善又は克服するため、適切な指導及び必要な支援を行うものです。平成19年4月から、「特別支援教育」が学校教育法に位置づけられ、すべての学校において、障害のある幼児児童生徒の支援をさらに充実していくこととなりました。

「幼児児童生徒一人一人の教育的ニーズに対して適切な指導、必要な支援」を受けることは、憲法で保障された「教育を受ける権利(第26条)」(その能力に応じて、ひとしく教育を受ける権利を有する)です。たとえば、視

※1 文部科学省ウェブサイト 「特別支援教育について 新着情報等最近の動き」

覚障害のある子どもには、点字の教科書を提供するなどして、教育を受ける権利を守ります。

そして、こういう教育が実施されています※1。

資 料

○障害のある子供については、障害の状態に応じて、**その可能性を最大限に伸ばし、自立と社会参加に必要な力を培うため、一人一人の教育的ニーズを把握し、適切な指導及び必要な支援を行う必要がある。**

○このため、障害の状態等に応じ、**特別支援学校**や小・中学校の**特別支援学級、通級による指導**等において、特別の教育課程、少人数の学級編制、特別な配慮の下に作成された教科書、専門的な知識・経験のある教職員、障害に配慮した施設・設備などを活用した指導や支援が行われている。

○特別支援教育は、**発達障害のある子供も含めて、障害により特別な支援を必要とする子供が在籍する全ての学校において実施**されるものである。

かつて、特別支援教育は「特殊教育」と呼ばれていました。日本の学校教育にこの概念が導入されたとき、"Special Education"を"特殊教育"と翻訳したものです。しかし、この"特殊"という言い方にはどこか差別的なニュアンスが感じられることから、少なくとも学校教育においては公的に**"特別支援教育"**と表現するよう改められました。

正式にそうなったのは、2005(平成17)年12月に中央教育審議会から「特別支援教育を推進するための制度の在り方について(答申)」が出され、それを踏まえて学校教育法施行規則の一部改正(2006年4月施行)、学校教育法の一部改正(2007年4月施行)が行われてからです。この2007(平成19)年を**「特別支援教育元年」**と呼んでいます。

※1 文部科学省ウェブサイト「日本の特別支援教育の状況について」

❷ 特別支援学級、通級指導教室

特別支援学級については、きみたちは実際の児童・生徒同士の交流を経験してある程度は理解しているものと思います。その経験は、「人は多様である」ことを自然に受け入れる下地になっているかもしれません。

特別支援学級は、小・中学校に障害の種類ごとにおかれる少人数学級(上限8人)で、知的障害、肢体不自由、病弱・身体虚弱、弱視(視覚障害)、難聴(聴覚障害)、言語障害、自閉症・情緒障害が対象となっています。

また、通級による指導では、これに加えて、学習障害(LD)、注意欠如・多動性障害(ADHD)も対象にされています。

通級による指導というのは、児童・生徒は通常の学級に在籍し、各教科などの指導を通常級で行いながら、障害に基づく、学習上や生活上の困難の改善・克服に必要な特別の指導(教科の補習や自立支援活動)を、特別の場で行う教育形態です。

2020年の新型コロナウイルス感染症の蔓延をきっかけに、**学校教育のICT化**を進めようという動きが活発になっています。「**個別最適化した教育(一人一人に応じたきめ細かな教育)**」(Chapter 5)ということも言われていますが、それは特別支援教育にはプラスの効果をもたらしてくれそうです。

発達障害やそれに関するデータについてはChapter 4で取り上げます。

ユニバーサル・デザイン(UD)[※1]やインクルーシブ教育[※2]という言葉を聞くことも多いと思いますが、それも特別支援教育と深い関係があります(Chapter 4)。

なお、「障害」ではなく「障碍」や「障がい」と表現している自治体等もあります。意味することは基本的に同じですが、きみたちはどれが適切だと思いますか?

※1 ユニバーサル・デザイン=代表的な例が自動ドア。たとえば、一番困っている人がスムーズに生活できる環境は、支援を必要としない人たちにとっても快適だろうという考え方。
※2 インクルーシブ教育=障害があることで学ぶ場や環境を分けられることなく、子どもたちが一人ひとりの能力や苦手さと向き合いながら、共に学ぶ教育。

➡ 学校におけるチーム意識

■ ひとりで頑張ることは美徳ではない

あまり聞かなくなりましたが、学級崩壊が全国の至るところで起きていた時代がありました。学級崩壊が起きている学級では、事態が手に負えないほどにひどくなっても、担任はその問題をひとりで抱え込んでいました。背景には教師(担任)の使命感、責任感、学級の課題に対して援助を求めることの屈辱感(恥)、ダメな教師と思われることへの恐れ、学級経営に他の教師は口出ししないことなどがありました。これが**"閉鎖的な学級王国"**とか**"孤立無援の学級担任"**と呼ばれました。それは一種の**"学校文化"**でした。

でも、しだいに学級で起きる問題(の原因)が複雑になり、教師が抱え込むことで、問題がもっと大きくなってきました。教師が特定の子(課題)にかかりきりになると、他の子どもたちが置き去りになり、そこからまた新たな問題が発生することもあります。だから学級担任は、できるだけ早く問題を外に出して(学年主任や管理職に相談)、学校全体で問題を共有して解決にあたろうという考え方に変化してきました。

たくさんの犠牲を経て、「ひとりで頑張ることは美徳ではない」と、学校文化が改まったわけです。これが**チーム意識**です(きっかけになったのは、実は特別支援教育でした)。いじめの問題にも、いまはチームで対応にあたっています。

2019年のラグビー・ワールドカップで話題になった「ONE TEAM」は、学校にこそ必要なスローガンです。そもそも教師は子どもたちのために使命感をもって頑張る人たちです。みんなで力を合わせるのは自然なことでした。

② 学習者の立場に立って授業を考える

チーム意識は、児童・生徒の問題行動等(という言い方をします)への対応だけではなく、授業改善の動きの中で、授業づくりや指導方法にも及んでいます。

これまでずっと、学習指導要領の内容を確実に指導できれば、授業スタイルは教師に任されてきました。小学校は学級担任、中学校は各教科担任の教師一人ひとりが自分の個性を発揮しながら授業をつくっていく、それこそが教師の腕の見せどころでした。

そのため、きみたちは小・中学校の時は、担任が代わるたびに異なるスタイルの授業を受けてきたのではないでしょうか。

それにはプラスもあればマイナスもあったはずです。

必ずしもすべてがマイナスだったわけではないのに、いまは授業スタイルなどがある程度そろえられようとしています。なぜだか、気づきましたか？

学習指導要領の改訂により、学ぶ子どもたちの立場に立って教科間の連携や学年間・学校種間の確実なつながりが図られようとしています。それには教師の指導方法に大きなバラつきがあるのは不都合です。加えて、チーム意識が浸透してきたために指導方法についての職員研修が盛んになり、よいと思われる指導方法は共通して取り入れられるようになりました(🗓)。その結果として、**授業のスタイルに共通性が生じる、言い換えると「似てくる」**という現象が起きています。

③ 担任が代わっても子どもたちが戸惑わない

教師の業務は多岐にわたります。それが多忙の原因でもあります。でも、一番重要で、教師にしかできない仕事は授業です。そこで、授業スタイルが**「似てくる」ことのメリット**は何か、学習者(児童・生徒)の立場、授業者(教師)の立場から、それぞれ考えてみてください。

学習者にとっては、担任が代わっても授業の進め方や板書の仕方が大

きく変わらないという安心感があります。前の先生は話し合いの時間が多かったのに、今度の先生はチョーク＆トーク……。それでは、子どもたちは戸惑います。去年までやってきたことは何だったのかと疑問や不信感さえ持ちます。きつい言い方をすればそれは、せっかく子どもたちが身につけた学び方を否定することになります。それでは**"学習者の視点に立った学び"**とは言えません。

では、教師側から見るとどうでしょう。"花マル先生"とか"授業名人"と子どもたちや保護者、同僚からも認められる教師にとっては、自分のパフォーマンスを制限されるかもしれません。

授業スタイルや学級経営にある種の"型"を持ち込むことで「**教師の個性が生かせない**」という不満もあります（学級経営の場合は「スタンダード」という言い方をします）。でも、"型"程度のことで、教師の個性が失われてしまうでしょうか。次の⬜でもふれますが、これは、きみたちに考えておいてもらいたいことです。

教師の世代交代により、全国の学校には毎年のように初任（大学を卒業したばかりの1年め）の教師（初任者）が赴任してきました。教職員の平均年齢は下がり、これから教師になるきみたちには働きやすい職場になっています。でも一方で、キャリアの浅い教師たちの育成が深刻な問題になっています。

新卒1年めから学級担任を任されるわけですが、つい数週間前まで学生だった自分が、4月第1週から「先生」と呼ばれ、30人の子どもたちの前で自信をもって授業をしている姿を想像できますか？

そこに学校なりの授業の型があれば、初任者でも授業はつくりやすくなるはずです。子どもたちのほうも、授業の進め方を理解しているので、教師が多少未熟でも戸惑うこともありません。「先生、グループで話し合いたいです」と提案してくれる場合もあります。

目指す授業づくりの基本的な考え・やり方を学校全体で共有しているので、初任者はどの先輩のアドバイスでも受けられます。教師によって言っ

ていることがバラバラということがないので、未熟な教師が戸惑うこともありません。当然、一貫性のある校内研修になっているので、授業力向上も的確に図れます。

　子どもにとっても教師にとっても、これは一種のユニバーサル・デザインだと考えてください。

　ただ、型はそろっていても、運用する教師によって授業の中身(精度)はまちまちです。そこが難しいところであり、逆に、個性が生かせる部分にもなります。

4 指導方法の当たり前

➡ ねらい→思考→話し合い→振り返り

　たいていの教師は、自分が児童・生徒として受けてきた授業をイメージして授業づくりをします。「授業とはこういうものだ」という思いもあるでしょう。でも、いま、求められている授業はかつて経験した授業ではなく、きみたちの多くは、持っている授業イメージを更新しなければならないかもしれません。

　再び、全国学力・学習状況調査(質問紙調査)から、全国の小・中学校の教室で当たり前に行われている授業や指導方法を紹介します。自分自身の経験を細部まで思い起こして、比べてみてください。その上で、自分の授業イメージを上書き修正してください。

　なお、調査データは2017年度のものを使用します(2018年度以降は質問項目が大幅に変更されました。また、2020年度は中止でした)。

　主体的・対話的で深い学びの視点による授業づくりに向けて、情報が共有されたおかげで、いまはおおよそ次ページのような授業が多くの小・中学校で行われています(データを「授業の流れ」として具体化したものです。ただし、すべての授業がこのスタイルで行われるわけではなく、たとえば単元全体の導入にあたる第1時の授業では、資料等を提示しながら、あえて教師主導のチョーク＆トーク型の授業が行われる場合もあります)。

導入

本時に関係する現実の出来事や前時・既習事項の確認。「主体的」のポイント

本時のねらい・学習課題の提示・確認

児童・生徒＝学習者が学びの意味を認識。「主体的」のポイント

課題に対する自力思考

まず、自分の考えをつくる。ここにできるだけ時間をかける→ペア対話（相談・確認。自力思考の続きとして行う。「対話的な学び」の前提）

グループ対話

4〜6人のグループをつくって話し合う。単元の大詰めではワールドカフェなどを行う場合もある。「対話的」「深い学び」のポイント

全体交流

グループ内の考えや結論をまとめ、それぞれ発表、質疑応答

教師によるまとめ

振り返り

気づきや最初の自分の考えが、話し合い等を通じてどのように変わったかなど。学習者自身の学びの自覚。次時につなげる課題を書かせる場合もある。「深い学び」のポイント

　「型にはまっている」とか「パターン化している」ととらえるのではなく、**「授業の大事なポイントはこういうことで、スムーズに展開させるとこういう流れになる」**と考えてください。

●85％以上の授業でこんな指導を実施

　では、全国学力・学習状況調査(質問紙調査)から細かい部分を見ていきます。学力(調査の正答率)との相関が認められている指導方法(学力上位県・市が行っている指導)の中で、「肯定的(YES＋どちらかといえばYES)回答」が85％以上の取り組みや指導方法をあげます※1。「どちらかといえば」では指導の徹底や精度には大きな幅がありますが、「とにかく実行している」と理解してください。

　小・中学校(国・公・私立校)の授業では、こんなことが当たり前に行われています。

◆習得・活用及び探究の学習過程を見通した**指導方法の改善及び工夫**
◆授業の中で**目標(めあて・ねらい)を示す**活動を計画的に取り入れている
◆授業の最後に**学習したことを振り返る**活動を計画的に取り入れている
◆児童・生徒の様々な**考えを引き出したり、思考を深めたりする**ような発問や指導
◆児童・生徒の**発言や活動の時間を確保**して授業を進めている
◆学級やグループで**話し合う活動**を授業などで行う
◆総合的な学習の時間において、**課題の設定からまとめ・表現に至る探究の過程を意識**した指導(小学校)
◆本やインターネットなどを使った**資料の調べ方**が身に付くような指導(小学校)
◆学級全員で**取り組んだり挑戦したりする課題やテーマ**を与える
◆将来就きたい**仕事や夢について考えさせる**指導(中学校)
◆道徳の時間において、児童・生徒自らが**考え、話し合う**指導
◆学校生活の中で、**児童・生徒一人一人のよい点や可能性を見付け**、児童に伝えるなど積極的に評価する
◆国語の指導として、**目的や相手に応じて話したり聞いたりする**授業

※1 国立教育政策研究所ウェブサイト　教育課程研究センター「全国学力・学習状況調査」

◆授業や課外活動で**地域のことを調べたり、地域の人と関わったりする機会を設定**（小学校）

◆**家庭学習の課題の与え方**について、校内の教職員で共通理解を図る（小学校）

◆児童に**家庭での学習方法等**を具体例をあげながら教える

　この中にはまだ徹底されていないものもあります。これからきみたちが、こうした指導方法の精度を上げていってください。

●**授業のどこに教師のカラーを出すか**

　「型くらいで教師の個性は失われない」「きみたちに考えてもらいたい」と書きました。本当に考えてもらいます。

小論文・面接ではこう問われる！

課題　「導入→本時のねらい・学習課題の提示→グループ対話→全体交流→教師によるまとめ→振り返り」という授業スタイルが定着してきています。その「型」を使いながら、あなたはどのような授業をしたいと考えますか？

考えるヒント

　視点だけ提供します。本時（その授業）の課題に対して子どもたちを本気にさせ、自分事として向き合わせる導入部分は、教師自身の問題意識に関係します。資料等の提示をすることもできますし、場合によっては、外部の専門家をつれてくることも可能です。

教員養成系の学部の入試小論文では「〇〇科の教員として、今後の〇〇の授業はどうあるべきだと考えますか」「〇〇という課題がありますが、どんな授業が必要だと考えますか？」「〇〇への理解を深めるために、どんな素材を用いたいですか」といった出題は多いです。自分自身の問題意識とともに、授業で実践したいことや取り上げたい素材などを具体的にイメージしておくとよいでしょう。

　授業を参観していると、最初の自力思考（＋隣り同士の相談）にどのくらいの時間を設けるかには教師の個性が表れます。学級の児童・生徒の実態理解が基本になるようです。

　グループ対話の間はグループ間を歩いて声かけをしながら、話し合いのようすを観察したり、内容に聞き耳を立てて、細かい発言を拾います。発言をスルーするか拾うか、教師によって異なります。また、子ども個々の理解度や、子ども同士が教え合う姿は学級を運営していくときの参考になります。子どもの現状や学習の成果を把握することは授業力向上のポイントになります。

　グループ対話を活発にして深い学びにつなげていく手立てとして、Yチャート※1やイメージ・マップ※2などの思考ツールがあります。そういうものを上手に使えることも教師の個性です。

　いまさらですが、対話的な学びはグループなどによる子どもたち同士の対話とは限りません。教師と生徒の対話によって進めていく授業も中学校で見たことがあります。生徒の問いに教師が答えるのではなく、生徒の発言の重要部分を取り出して、それをまた生徒たちに投げ返すという形です。

　その時間の授業をどうまとめるか、振り返りに何を書かせるか、ここも教師の個性が発揮できる部分だと思います。

　もうひとつ、重要なのがICTの有効活用です。コロナ禍により休

※1 Yチャート＝3つの視点から物事を分析するツール。
※2 イメージ・マップ＝あるひとつの言葉から連想して言葉を書き加え、発想を広げるツール。

校を余儀なくされた現実を踏まえて、学校のICTの環境があっという間に整備されて、1年半ほどの間に児童・生徒一人ひとりにタブレット端末が配付されました。数はそろったけれど、これを授業者が学習者と一緒にどう使いこなすか。これから先の大きな課題です。うまく使えば学級としての個性も発揮できます。この課題の解決には、きみたちに大きなアドバンテージがあります。

ひとまずこうした授業スタイルを取り入れ、形をアレンジして、自分らしさを色づけしていけばいいのです。幸い、子どもたちのほうが早くこの授業に慣れて、楽しく参加する姿が見られます。

実際に行われたチャレンジングな授業を紹介します。2教科を組み合わせた中学校の授業で、2020年度に実施されました。

◆**数学科 with 理科**　3年生の数学科「図形と相似〜全身を映す鏡の大きさ」では、授業の最初に理科の実験(1年時に学習した「光の性質」)を行いました。ロビーにある大鏡の前に集まって、全身を映すために必要な鏡の大きさを確かめてみます。その結果、「身長の半分くらいの大きさが必要だろう」という仮説を立てます。

そして、「光の反射角と入射角は等しい」「実像と鏡に映っている像は、鏡を対称の軸として線対称な位置にある」という理科の既習事項をもとにして、そのことを相似の性質や中点連結定理を利用して(=数学的なものの見方・考え方を働かせて)説明するというものです。

◆**美術科 with 国語科**　1年生の美術科「絵画・鑑賞〜マイ屏風をつくろう」は、国語科「古文　いにしえの心に触れる〜蓬莱の玉の枝(竹取物語)」で学んだ「言葉・文章」から発想して、伝統色を生かしながら屏風を描いて絵画表現をします。授業では生徒それぞれが描いた絵を相互に見て回り、気に入った作品をタブレットに撮ってグループで鑑賞会を行いました。

さらに続きがあって、その後の国語科授業(書写)で、屏風に文字を書きます。既習事項の活用というより、初めから2教科間で意図して単元をつくっていました。

　複数の教科を組み合わせる発想は、小学校でのほうが容易かもしれませんが、中学校でもここまで進んだ授業が行われています。

　自由に発想して、いい授業を工夫してください。学習者が笑顔で参加してくれる授業づくりは、きっと楽しいですよ。

Chapter

3

教室の中の出来事

Chapter 3で学ぶこと

この学習指導要領のもとで、教師自身が新たに取り組まなければならなくなったことがたくさんあります。疑問に思うこともあると思いますが、免許を持つ"高度専門職"として全力を尽くすのみです。

すでにふれた授業改善がまずひとつ。授業改善も含めて何があるのかを見ておきましょう。

![カレンダーアイコン] 1 授業づくり

➡ 授業改善(アクティブ・ラーニング)

■ 実は、壮大な取り組みにチャレンジしている

　学習指導要領にある"主体的・対話的で深い学びの視点による授業改善"よりもしっくりくるので、ここではあえて**"アクティブ・ラーニング(AL)の実現"**と表現することにします。

　ALの登場によって、現役の教師は、これまでの自分の授業スタイルの大きな転換を図ることになりました。でも、きみたちの場合は、ゼロから自分の授業スタイルをつくっていきます。Chapter 1で考えてもらいましたが、大学入学後、改善されつつある実際の授業をできるだけ参観して(研究発表会など機会は多いです)、新たな授業イメージを持ってください。

　ALとは、学習者(児童・生徒)が授業に積極的(受動的ではなく**能動的**)に参加して、授業のねらい(身につけるべき資質・能力、あるいは解決すべき課題)を理解して(**主体的**)、クラスメート同士がそれぞれの考えや意見を聞き合い、述べ合い(**対話的**)、考えを練り合わせて(**深める**)、最適解を追究していく授業のスタイルです。こうした協働的な学び方そのものを子どもたちに身につけてもらうことも、目的のひとつです。

　教師は、その日の授業(あるいは単元)を通して児童・生徒に身につけてほしい力を意識して授業を構成します。学習者が夢中になれる素材を提示して、そこにある課題、解決すべきねらいを明確にします。そういう準備をしておいて、しゃべりすぎず、論点を整理したり、議論の流れを調整したり、新たな視点・問題点を提示したりして、学習者の対話が深まり、実のあるものになるよう、的確な進行を図ります。

　こうした授業スタイルを成り立たせるために必要な要素がいくつかあります。Chapter 1の【課題】でもふれましたが、それが何か、少し"自力思

考"してください。

　ちなみに、ALは、そもそも大学の授業改善のために導入されました。大学のALというと、ハーバード大学のマイケル・サンデル教授の授業を取り上げた「白熱教室」はテレビなどで紹介され、注目されました。100人規模の授業で、教授が哲学的命題(正解はありません)、たとえば「正義について語り合おう」と投げかけ、それを学生たちが活発に議論するものです。これを1学年100万人規模の日本中の小中高の教室でも実現しようというのですから、実はとても壮大な取り組みが進行中なのです。

● **多様な考え、自分とは異なる考えを認め合う**

　「白熱教室」の100人は、性別、人種、年齢、国籍、文化的背景、経験(育った土地、過ごしてきた人生)などがすべて異なるきわめて多様な人々でした。当然、考え方も百人百様です。だからそこでのALは、「**人は多様である**」「**誰もが自分とは異なる考えを持つ**」ことを共通認識して始まります。逆に考えれば、多様な考えが交わされるから新たな"知"がうみ出されることになります。

　では、日本の公立学校の教室ではどうでしょう。やはり前提は「多様な考えを受容し、自分とは異なる考えを認め合う集団」であることが必要です。多数派が少数意見を排除するような学級風土では、安心して自分の考えを発言できません。それがいじめの土壌にもなります。だから、ALに取り組まれ始めたころ、授業づくり以前に、多様性を認め合う学級風土づくりが必要だと言われました。

　でも、おもしろいことに、授業で児童同士・生徒同士の話し合いの機会を設けることで、子どもたちは、同じ課題に向き合ってもさまざまな考え方があることに気がつき、それによって、自分にはなかったものの見方を獲得できると理解しました。"自分はみんなと違う"とか"人はそれぞれ違う"ことをネガティブではなくポジティブにとらえるようになりました。話し合うことを通して学級風土が醸成されたのです。ALにはそんな効果もありました。実際に、ALによってクラスからいじめがなくなったとい

う現象も見られたそうです。

● **重要なのは、まず、しっかり「聞く」こと**

授業づくりには、対話が広がるようなテーマの設定は重要です。クラス中で夢中になって取り組めるテーマであり、唯一の正解に収束しない課題であることが必要です。これまでにあったような「早い者勝ちで正解を見つける」的な課題では、誰かが正解を言ったとたん「あ〜あ、先に言われちゃった」と話し合いは終了してしまいます。教師はテーマの設定に大きな力を注ぐことになります。

では、対話的な学びで大事なことは何でしょう。積極的な発言はもちろんですが、それ以上に「聞く」ことが大切です。

全国学力・学習状況調査の学校質問紙では、「(児童・生徒は)相手の考えを最後まで聞くことができているか」という質問が設定されていました（初出は2013年度）。児童・生徒質問紙でも「友達の話や意見を最後まで聞くことができているか」と質問されています。覚えていますか？

きちんと聞いて、相手の言っていることを理解することから対話は始まります。最後まで聞いてもらえることで、自分が友達から受け入れられていると実感し、教室が自分の安心できる居場所になります。発言に子どもたちがあいづちをうったり、発言を聞いて他の児童・生徒が拍手をしたりする授業もあります。受容したことの意思表示です。きみたちが教師になっても、「(子どもたちが相手の話を)しっかり聞くこと」を意識して授業を進めてください。

● **授業を受けるのではなく、授業に参加する**

全国各地で行われるようになったALを参観して共通に感じるのは、児童・生徒が楽しそうに授業に参加していることです。ある小学校の公開授業ではチャイムの前から、「先生、もう授業を始めようよ」という子どもたちの声も聞こえてきました。

ALは、"授業を受ける"のではなく"授業に参加する"というイメージです。子どもたちも、そのことを実感できているようです。

それは中学校でも同様です。ある中学校では、学校がとても荒れており、学校に落ち着きを取り戻すためには授業改善が必要だと考え、学校中で学年・教科を超えてALを取り入れました。その授業スタイルでは、生徒たちが授業中ずっと声を発し、グループ対話のために机を動かし、場合によっては他のグループの話を聞くために自身も動きます。生徒たちが授業中に動くことを不安視する声もありました。しかし、結果的に授業が成立するようになり、やがて学校も落ち着きました。チョーク＆トークでは授業が苦痛だった生徒たちも、何らかの形で授業に参加できるようになり、自分の発言がクラスで認められることにより、授業時間が苦痛ではなくなっていきました。

　ALが取り組まれ始めたころは、「人前で自分の考えを言うことが苦手な子どもにとっては、ALの授業は苦痛なのではないか」と心配されました。でも、ペア対話やグループ対話でなら発言もしやすく、そこで友達から「それ、いいね」と認められたら、発言することが逆に楽しくなります。クラス全体の中でも、話し合いの流れと異なる意見でも、頭ごなしに否定されることはないので、自信を持てるようになります。

　子どもたちが楽しそうに参加できることは重要です。1日の7〜8時間を学校で過ごし、そのうちの4時間半〜5時間が授業の時間です。これがつまらなければ、それこそが子どもたちにとっては苦痛です。その意味では、この授業改善は学習者には歓迎されています。中学校の授業中、生徒から「なるほどね、これでわかった！」という声が聞こえてくることなど、昔はありませんでした。

　きみたちが教師になるころには、当たり前にALが行われているはずです。いまから、そういう授業イメージを描いておいてください。

新たに登場した"必修"

 特別の教科　道徳

1 「考え、議論する道徳」への転換

　「特別の教科　道徳」は正式名称なのですが、ほかの教科とは少し違った言い方です。2015(平成27)年3月に学習指導要領が一部改訂されて、道徳科として"教科化"が図られました。学習指導要領の全面改訂に先立って実施されています。小学校では1年生で年間34時間、2〜6年生で年間各35時間、中学校1〜3年生では年間各35時間の授業時間がとられています[1]。

　それ以前も「道徳の時間」として、年間35時間(週1コマの割合。小学校1年生は34時間)の授業時数が定められていました。「特別の教科　道徳」も同じです。扱う内容もそれほど大きく変わってはいません。では、どうして教科化され、教科化によって何が変わったのでしょう。教科化にあたっての資料に基づいて説明します。

　まず、教科の定義です。こう表現されています[2]。

資料

　「教科」とは、教科書を使用し、教科ごとの免許があり、数値による評価を行うものを言いますが、道徳については、**数値による評価を行わず、担任が担当する**ことから、特に「特別の教科」という新たな位置づけが設けられました。

　実際に授業を行う教師にとって大きなポイントは「(授業による)児童・生徒の学びをどう評価するのか」ですが、それは後で説明します。中学校では、原則として学級担任が道徳の授業を行います。

[1] 学校では1年間を35週としている。したがって「年間70時間」といえば、週に2コマの授業が行われる
[2] 文部科学省ウェブサイト「『道徳』の評価はどうなる？？」

では、なぜ教科化されることになったのでしょう。それまでの「道徳の時間」には、さまざまな課題があったそうです。例があがっています[※1]。

- いじめなどの現実の問題に対応できていない。
- 読み物（教材）を読んで感想を述べるだけで終わっている（**"読み物道徳"**と言われる）。
- **教科書や評価がないこと**などから、他教科に比べて軽視されがち（体育祭など行事の準備を行う時間になっている実態もある）。

はじめの二つは、きみたちの経験を振り返ってみてください。読み物の場合、話の結末は子どもたちに学んでほしい内容を示唆するわけですから、授業がそれを肯定する方向で進んでいく中で、ひとりで頑張って「それは違うと思う」と否定するのには勇気がいります。

三つめは、現場の教師に聞くと、そういう実態は確かにあったそうです。考えようによっては、たとえば、体育祭における、固定された性別役割分担意識や、思い込みの存在や、修学旅行の訪問先でのマナーの問題などは、道徳の時間で扱える課題なのかもしれません（しっかり意図されていることが条件です）。

きみたちは道徳の時間の教材として「心のノート」や「私の道徳」を使っていたはずですが、いまは「教科書」が使われています。前に述べたように、教科書は"主たる教材"にすぎません。でも、どうしても授業は教科書に沿った内容になりがちなので、"読み物道徳"にならない工夫が必要でしょう。

教科化にあたって最も懸念され、それを払拭するために力を入れて説明されたのが次の点でした[※2]。

※1※2 文部科学省ウェブサイト「『道徳』の評価はどうなる？？」　資料内（　）は著者による補足。

> **Q**　道徳が「特別の教科」になり、入試で「愛国心」が評価されるというのは本当ですか？　道徳が評価されると、**本音が言えなくなり、息苦しい世の中にならないか心配**です。
>
> **A**　道徳科の評価で、特定の考え方を押しつけたり、入試で使用したりはしません。「特別の教科　道徳」では、**道徳的な価値を自分のこととしてとらえ、よく考え、議論する道徳へと転換し、特定の考え方に無批判で従うような子供ではなく、主体的に考え未来を切り拓く子供を育てます。**

　"教材の物語に登場する主人公の行為が絶対に正しいと学級みんなで確認し、反対意見の児童・生徒の評価は低くする"ということではありません。文中にあるように、ALと同様、**「考え、議論する」ことが重要**なのです。

　したがって評価は、道徳科の授業を自分のこととして考えている、友達の考えなどをしっかり受け止めているといった成長のようすを丁寧に見て、記述による「励まし、伸ばす」"積極的評価"を行います。

　きみたちは将来、他教科等以上に、しっかりAL(考え、議論する)を実施してください。

➡ 外国語（小学校）

■ とうとう小学生も外国語を学ぶ時代に

　ついに小学校に外国語(5年生、6年生)が登場しました。きみたちが経験した**外国語活動**は3年生、4年生で実施します(各学年35時間／年)。外国語は各学年70時間／年で、外国語活動から35時間増えることになります。この＋35時間を週時程のどこに設けるか、学校はかなり悩みました。そのため「15分の短時間学習(朝や昼休み前)を3回で1単位時間(15分×3＝45分)とカウント」として扱ってもいいとされています。

では、外国語活動と外国語とはどう違うのでしょう。

外国語科の導入について、中教審の答申に書かれている部分を要約しました[※1]。ひとまず、背景を見てください。外国語活動との違いも書かれています。

資料

- ●外国語教育については、子供たちが将来どのような職業に就くとしても求められる、**外国語で多様な人々とコミュニケーションを図ることができる基礎的な力を育成する。**小・中・高等学校を通じて一貫して育む領域別の目標を設定し、初等中等教育全体を見通して確実に育成する。
- ●小学校段階では、現在（2016年時点）高学年において**「聞くこと」「話すこと」を中心とした外国語活動を実施**しているが、子供たちの「読むこと」「書くこと」への知的欲求も高まっている。
- ●全ての領域をバランスよく育む教科型の外国語教育を、高学年から導入する。その際、単なる中学校の前倒しではなく、"なじみのある表現を使って、自分の好きなものや一日の生活などについて、友達に質問したり答えたりすることができる"といった、**発達段階にふさわしい力を育成する。**
- ●高学年において、現行の外国語活動（35単位時間）における**「聞くこと」「話すこと」の活動に加え、「読むこと」「書くこと」を加えた領域を扱うためには、年間70単位時間程度の時数が必要。**
- ●外国語を通じて、言語や文化について体験的に理解を深め、日本語と外国語の音声や語順等に気付いたうえで、外国語の音声や表現などに慣れ親しませるようにするため、**中学年から「聞くこと」「話すこと」を中心とした外国語活動を行い、高学年の教科型の学習につなげていく**こととし、そのためには年間35単位時間程度の時数が必要。

外国語活動が「聞くこと」「話すこと」中心だったのに対し、外国語では「読むこと」「書くこと」が加わりました。

ところで、きみたち自身には、ここで言われている「読むこと」「書くこ

※1 「幼稚園、小学校、中学校、高等学校及び特別支援学校の学習指導要領等の改善及び必要な方策等について（答申）【概要】」（2016年12月）

と」への知的欲求はありましたか?

2 教師は英語の指導法を身につけていない

　今度は、学習者ではなく授業者(担任教師)の立場から外国語を見てください。

　外国語活動では、週1回の授業にALT(外国語指導助手)がついて、ALTが主導して授業が行われている場合も多かったようです。きみたちの経験ではどうでしたか。

　外国語の授業でも、可能な限りALTがつくはずですが、時数が倍に増え、短時間学習が行われたりすると、毎回必ずALTがつくわけにはいきません。すると、担任がひとりで授業を行い、評価をすることになります。

　ここで大きな問題となるのが、ほとんどの小学校教諭が、大学では英語の指導方法を学んできていないことです(現職の教員は、現在の免許のまま英語を教えることになります)。外国語活動が始まって、やがては教科になることは予想されていたのですが、教員養成課程では十分な準備ができていませんでした。決定ではなかったので仕方がありません。

　それでも外国語が教科になりました。そのため、教師の**"英語の授業における指導力不足"**を補うために、文部科学省や各地の教育委員会は、かなり至れり尽くせりの映像教材や音声教材をつけた英語の授業のプログラムを作成しました。短時間学習用の教材もあります。そのせいなのか、あまり大きな混乱は起きませんでした。戸惑いながらも、子どもたちのために必要な努力をする。繰り返しになりますが、これが教師たちのすごいところです。

　ただ、教職課程関連の法改正がされて、教員養成課程に英語指導法を学べる科目も設置されるので(Chapter 5で説明します)、きみたちは入学後、ちゃんと学んでください。

③「慣れ親しんだ」「〜を養う」

　学習指導要領に示された「外国語を通して育む資質・能力」をあげておきます※1。

　「外国語によるコミュニケーションにおける見方・考え方を働かせ、外国語による聞くこと、読むこと、話すこと、書くことの言語活動を通して、コミュニケーションを図る基礎となる資質・能力を育むことを目指す」として、資質・能力の三つの柱が次のように整理されています。子どもたちが何を身につければいいのか、想像力を働かせながら読んでください。

資料

> (1)　外国語の音声や文字、語彙、表現、文構造、言語の働きなどについて、日本語と外国語との違いに気付き、これらの知識を理解するとともに、読むこと、書くことに慣れ親しみ、聞くこと、読むこと、話すこと、書くことによる**実際のコミュニケーションにおいて活用できる基礎的な技能を身に付ける**ようにする。
>
> (2)　コミュニケーションを行う目的や場面、状況などに応じて、身近で簡単な事柄について、聞いたり話したりするとともに、音声で十分に慣れ親しんだ外国語の語彙や基本的な表現を推測しながら読んだり、語順を意識しながら書いたりして、**自分の考えや気持ちなどを伝え合うことができる基礎的な力**を養う。
>
> (3)　外国語の背景にある文化に対する理解を深め、他者に配慮しながら、主体的に外国語を用いて**コミュニケーションを図ろうとする態度を養う**。

　中学校の外国語の資質・能力には、(1)にある「日本語と外国語との違いに気付き、これらの知識を理解するとともに、読むこと、書くことに慣れ親しみ」という表現はありません。小学生のうちは、日本語と外国語の違いに気づくことや身近なことを表現することからスタートして、英語に慣れ親しんでいこうということです。

　無理に文法や単語を教え込んで、小学生の子どもたちを**"英語嫌い"**に

※1「小学校学習指導要領（平成29年告示）」

したのでは、中学、高校へと学習を円滑に積み重ねていけません。わざわざ小学校に導入した意味を考えた授業が必要です。

　もうひとつ、少し古い調査結果になりますが、2014年に行われた「小学校外国語活動実施状況調査」に表れた教師の意識を紹介しておきます。外国語活動導入から５年経過したタイミングです。

　約９割の教師が外国語活動について、「おおよそのイメージはつかめている」「児童と一緒に楽しんでいる」と言いました。でも、「**自信をもって指導している**」教師は約３分の１にとどまり、約６割が「**準備に負担感がある**」と答えています。しかも、**約３分の２が「英語が苦手」**でした。

　指導案や教材が用意され、ALTがついても、やはり簡単ではなかったようです。でも幸いなことに、きみたちにはこれから学生として学ぶ機会があります。繰り返しますが、「小学校の外国語教育は自分が引っ張っていくぞ」というくらいの気持ちで学んでおいてください。

　ひとつ提案をします。2019年度の全国学力・学習状況調査には中学校に英語が初登場しました。その質問紙調査によれば、英語の授業を英語で行った学校が約86％にも達していました（授業を英語によるコミュニケーションの場とする観点から）。小学校でも、家庭科や図工の授業を英語でやってみてはどうでしょう。野菜の名前や色は外国語活動でも登場し、子どもたちは十分に**“慣れ親しんでいる”**はずです。日常生活で外国語を使う練習にもなります。きみたちは、そんなチャレンジもしてみてください。🗓でふれますが、これからは**教科横断の時代**です。

➡ プログラミング教育

■ コンピュータを“ブラックボックス”にしないために

　小学校でも「**プログラミング教育**」が**“必須”**となりました。小学校の教師はあわてて研修会に参加しましたが、この分野についてはきみたちには大いにアドバンテージがあります。

きみたちは、中学校の技術・家庭と高校の情報で、高度なプログラミングを学んでいます。小学校では技術的なことを教えるのではなく「プログラミングってこういうことだよ」「コンピュータはこうして働くんだよ」「そうやれば『正六角形を書きなさい』とコンピュータに命令ができるんだよ」という全くの初歩を、体験を通して教えます。それでも小学校の中堅以上（30代後半〜）の多くの教師たちは、「プログラミングって何？」から始めなければなりませんでした。

　プログラミング教育は、**情報活用能力の育成**に規定されています。学習指導要領総則には「次の学習活動を計画的に実施すること」として、こう書かれています[※1]。

> **資料**
>
> 児童がプログラミングを体験しながら、コンピュータに意図した処理を行わせるために必要な論理的思考力を身に付けるための学習活動

　「実施すること」とされているので、プログラミング教育は“必修”です。戸惑う教師たちのために、「小学校プログラミング教育の手引」も作成されています。その第三版で導入の目的や内容が、次のように説明されています[※2]。

> **資料**
>
> 　コンピュータをより適切、効果的に活用していくためには、その仕組みを知ることが重要です。コンピュータは人が命令を与えることによって動作します。端的に言えば、この命令が「プログラム」であり、命令を与えることが「プログラミング」です。プログラミングによって、**コンピュータに自分が求める動作をさせることができる**とともに、**コンピュータの仕組みの一端をうかがい知ることができる**ので、コンピュータが「魔法の箱」ではなくなり、より主体的に活用することにつながります。

※1「小学校学習指導要領（平成29年告示）」
※2「小学校プログラミング教育の手引（第三版）」

76

小学生にもそのまま理解できそうです。こんな記述もあります^{※1}。

　　子供たちがコンピュータを用いて情報を活用したり発信したりする
機会が一層増えてきている一方で、その仕組みがいわゆる「ブラックボッ
クス化」しています。……情報社会に生きる子供たちが、コンピュータ
に意図した処理を行うよう指示をする活動を通して、**コンピュータはプ
ログラムで動いている**こと、**プログラムは人が作成している**こと、また、
コンピュータには得意なこととなかなかできないことがあることを、
体験を通して気付かせることです。

　ただ、必修といっても、「どの教科のどこでプログラミング教育をやり
なさい」とは書かれていません（算数5年生の「図形」、理科6年生の「電
気」など、いくつか例示はあります）。その点は、**教師の工夫**に任されてい
ます。

　「任される」というのは、一見、自由にやれてよいことのように思えます。
でも、多くの教師には"自由に"は逆にやっかいなので（ほかにもやるべき
課題がたくさんあります）、きみたちが「この教科のこの単元に関連づけ
てやってみると、子どもたちは興味を持ってくれそうですよ」とリーダー
シップをとることができるかもしれません。家庭科での「炊飯」のプロセ
スとプログラミングとを組み合わせた授業を見たことがあります。いろ
いろなことができるはずです。

　「それにしても」というつぶやきです。コンピュータの存在・能力が一躍
脚光を浴びたのが「アポロ11号　月面着陸」だったと思います。それが1969
年（NASAの設立は1958年）。それから半世紀たってようやく「コンピュー
タはどうやって働くの？」を学ぶことになります。

3 カリキュラム・マネジメント

■1 各教科の関連する内容を組織的に配列

　学習指導要領には「**カリキュラム・マネジメント**」という言葉が登場します。現職の教師にとっても難しい話なので、詳細は大学で学んでください。一応、言葉の"定義"をあげておきます[※1]。なお、カリキュラムと教育課程は、ほぼ同じ意味だと思ってください。

> ### 資　料
>
> 　教育課程とは、学校教育の目的や目標を達成するために、教育の内容を子供の心身の発達に応じ、授業時数との関連において総合的に組織した学校の教育計画であり、その編成主体は各学校である。各学校には、学習指導要領等を受け止めつつ、子供たちの姿や地域の実情等を踏まえて、各学校が設定する教育目標を実現するために、学習指導要領等に基づき**どのような教育課程を編成し、どのようにそれを実施・評価し改善していくのか**という「カリキュラム・マネジメント」の確立が求められる。
>
> 　……
>
> 　「社会に開かれた教育課程」の実現を通じて子供たちに必要な資質・能力を育成するという新しい学習指導要領等の理念を踏まえ、これからの「カリキュラム・マネジメント」については、以下の三つの側面から捉えられる。
>
> ① 各教科等の教育内容を相互の関係で捉え、学校の教育目標を踏まえた**教科横断的な視点**で、その目標の達成に必要な**教育の内容を組織的に配列**していくこと。
>
> ② 教育内容の質の向上に向けて、子供たちの姿や地域の現状等に関する調査や各種データ等に基づき、教育課程を編成し、実施し、評価して改善を図る一連の**PDCAサイクル[※2]を確立する**こと。
>
> ③ 教育内容と、教育活動に必要な人的・物的資源等を、地域等の外部の資源も含めて活用しながら**効果的に組み合わせる**こと。

[※1]「教育課程企画特別部会　論点整理」(2015年8月)
[※2] Plan(計画)、Do(実行)、Check(評価)、Action(改善)の意味

きわめておおまかに言うと、"学習指導要領の内容を授業で実施しさえすれば（≒各教科の教科書を１ページめから順に最後まで淡々と進めれば）、それでOK……ではない"ということです。学習指導要領の内容をカバーしつつ、学校それぞれが育てたい児童・生徒像に即して軽重をつけたり、複数教科の単元を組み合わせたりするのです。

　三つの側面の①くらいは、少しイメージできたでしょうか。「ああ、そういうことか」ともう少し確かなイメージが持てるように、具体例をあげます。

● 学んでほしい内容のカリキュラムをつくる

　わかりやすい例にします。教科等として明確に内容や時数が定められたもの以外に、学校では"○○教育"というものに取り組んでいます。たとえば、キャリア教育、人権教育など、小・中学校を通して経験している人も多いでしょう。代表例が、総合的な学習の時間で多くの学校が扱う環境教育です（31ページの【課題】が関連します）。

　「環境教育」という教科はありません。かといって、総合的な学習の時間だから勝手にやっていいわけではなく、学習指導要領の内容に基づいて組み立てていくことになります。

　まず、学校それぞれの児童・生徒の関心、地域や社会の現実の課題などを考慮して、重点をおくテーマを決めます。

　そして、設定したテーマにかかわる内容を各教科から探してきます。理科（気象や二酸化炭素など）、家庭科（エコ関連など）はダイレクトに環境に関係します。社会的な課題なので社会科（地理的な側面、国ごとの事情など）。調査データの処理に算数・数学科。環境を題材にしたドキュメントが教科書に載っていれば国語科。健康面なら体育科の保健領域。道徳科も使えます。二酸化炭素を単発で学ぶより、環境という身近な課題の中で学ぶほうが、子どもたちにも浸透するのではないでしょうか。

　このように探せばいろいろ見つかります。たいていは総合的な学習の時間をベースにして時間数を決め、集めた内容を"環境教育"として整理

し、教科書の掲載順序を入れ替えて組み立てていきます。必要なら関係機関に取材に行ったり、外部の専門家をゲスト・ティーチャーに招いたりしてもいいでしょう。

ほかにも、人権教育、キャリア教育、食育、情報モラル教育、主権者教育、消費者教育、性教育、防災教育など、"○○教育"の例はたくさんあります。

なかにはきわめて今日的な課題を反映したものもあり、それらは当然、教科の枠内には収まりません。情報モラル教育は中学校の技術分野、主権者教育は公民的分野、性教育は小学校でも保健分野などに位置づけられています。でも、たとえば小学校の性教育は4年生の保健分野で"成長に伴う心身の変化"を扱うことになっていますが、"思春期教育"として考えると、その時期や内容だけで十分ではありません。

したがって、自校の児童・生徒に学んでほしい"○○教育"については、学校それぞれが独自にカリキュラムをつくっていくことになります。

❷ 知的財産なら、国語、道徳、技術、美術、音楽……

学習指導要領解説・総則編の最後に、付録として"○○教育"に関連する各教科等の内容(学習指導要領に示されているもの)が一覧として載っています。一例を紹介します[※1]。

●中学校で知的財産に関する教育(情報モラル教育の1分野)を行う場合
・**国語科**……第1学年の「知識及び技能」で「話や文章に含まれている情報の扱い方(比較や分類、関係付けなどの情報の整理の仕方、引用の仕方や出典の示し方)」
・**社会科**(公民的分野)……「C　私たちと政治」の「人間の尊重と日本国憲法の基本的原則」

※1 「【総則編】中学校学習指導要領(平成29年告示)解説」(2017年7月)

- **技術・家庭科**(技術分野)……「D　情報の技術」の「生活や社会を支える情報の技術について調べる活動(情報のデジタル化の方法と情報の量、著作権を含めた知的財産権、発信した情報に対する責任、及び社会におけるサイバーセキュリティが重要であることについても扱う)」
- **音楽科**……「自己や他者の著作物及びそれらの著作者の創造性を尊重する態度の形成を図るとともに、必要に応じて、音楽に関する知的財産権について触れる」
- **美術科**……「創造することの価値を捉え、自己や他者の作品などに表れている創造性を尊重する態度の形成を図るとともに、必要に応じて、美術に関する知的財産権や肖像権などについて触れる」
- **特別の教科　道徳**……「C　主として集団や社会との関わりに関すること」の「遵法精神、公徳心」

　これらの内容を教科間の関連を図りながら体系化して、子どもたちに「知的財産に関する意識」が育つように、それぞれの教科担任教師が意識して授業を実施していきます。

　教育＝人を育てることは、こんなに手間がかかります。1コマの授業もおろそかにしないでください。

　こうして構成された「〇〇教育」の内容(単元)を子どもたちにも示しておくと、1学期の理科の授業が2学期の社会科の授業につながるとか、この授業を通してトータルでどんなことを学ぶのかが理解できて、授業への参加がより主体的になるかもしれません。こういうことも**"学ぶ子どもの視点に立つ"**ことになります。

4 新たな未解決の課題

→ 日本語の読解力の低下

■ AIと同程度にしか"読解"できていないのではないか

ここで問題にする「日本語の読解力」とは、文字通り、日本語を正確に読んで、書かれていることを正確に理解する力です。

日本語の習熟が十分ではない"外国につながる子どもたち"の課題ではありません。また、難解な文章の読解力についてでもありません。取扱説明書の説明文だとか、もっと言えば、テストの問題文（設問の文章）の意味を正しく読み取れているかどうかというレベルの課題です。この問題は、AI（人工知能）の可能性と技術限界を見定めるための実証実験の副産物として浮かび上がってきました。

どんな実験だったのか、できるだけ簡単に説明します。

新井紀子教授（国立情報学研究所・情報社会相関研究系教授）らのチームが2011年にスタートさせたのが、AIプロジェクト「ロボットは東大に入れるか」。AI（東ロボくん）が大学受験生と一緒に、全国規模の大学入試センター模試を受験するというものでした。

結果だけ報告すると、東ロボくんは、2016年6月の模試（文系型）で5教科8科目の合計525点（全国平均437.8点）・偏差値57.1の成績を残しました（この時の受験生約12万人の上位2割に入る）。ただ、ここで東ロボくんの成績は頭打ちになり（前年度は偏差値57.8）、プロジェクトはいったん終了しました。

さて、AIはどうしてそんなに正答できたのでしょう。

AIは、膨大なデータを検索してその中から一番可能性の高い選択肢を選び出しているだけだそうです。記述問題も解きますが、それは教科書等を"丸暗記"して、関連個所を"検索"して、もっともらしく"切り貼り"して

いるだけ。つまり、東ロボくんは質問の意味や文章・言葉の意味を理解することなく統計的に判断して解答していたのです（だから、意味がわからないと解けない同義文判定などは苦手です）。

　これが、**現状でのAIの限界**なのだそうです。プログラミングを学んでいるきみたちなら、この意味はわかると思います。

　ここからが問題提起です。

　新井教授にこんな疑問と懸念が生じました。

　「なぜ、（文章の）意味がわかるはずの高校生が、意味がわからないAI（東ロボ）に敗れるのか？」「AIと最も差別化できるはずの『よく見、よく読み、よく聞き、よく書き、よく話す能力』が（高校生たちに）教育できておらず、現代のAIに簡単に代替されるような表層的なスキルしか身に着いていないのではないか」「中高生は教科書を読めているのか？」[※1]。

　読解できないAIに敗れているのだから、人間のほうもAI並みに"読解できていないのではないか"という発想です。

　実際、予備校等で鍛えられた大学受験生たちは、設問文や課題文を完全に読解しなくても、知識やある種のパターンだけで正解を見つけてしまいます。いい意味でAI的ですが、センター試験の改革もきっとこうしたことと関係したのでしょう。

　そこで、人間の読解力を検証するために開発されたのが「**リーディングスキルテスト（RST）**」です。

2 日本語の読解力に、こんな事実がある

　RSTは、「教科書や新聞、マニュアルや契約書などのドキュメントの意味および意図を、どれほど迅速かつ正確に読み取ることができるかの能力を測定するため」に、国立情報学研究所・社会共有知研究センターによって考案されました。新井教授は『AI vs. 教科書が読めない子どもたち』（東洋経済新報社、2018）の中で、25000人のRST受験者のデータから明らかになった事実を紹介しました。

※1 NIRA（総合研究開発機構）「NIRAオピニオンペーパーno.31／2017.July デジタライゼーション時代に求められる人材育成」、新井紀子氏講演会「AIが大学入試を突破する時代に求められる人材育成」（2016年6月）、「リーディングスキルフォーラム」（2017年11月）

受験したのは小学6年生〜社会人で、教科書から抜粋された50〜200字程度の短文そのものが正確に読めているかどうかを判定します。問題は選択式で、問題に関する知識が全くなくても、"文章が読めさえすれば"答えることができるのがポイントです。100問以上の問題群の中から受験者に対してランダムに出題され（受験者ごとに異なる問題を解いています）、受験者は、時間内にできるだけたくさん、正確に解くことを求められます。RSTではこんな問題が出題されました[※1]。

RSTの問題例

◆例1　以下の文を読みなさい。
「仏教は東南アジア、東アジアに、キリスト教はヨーロッパ、南北アメリカ、オセアニアに、イスラム教は北アフリカ、西アジア、中央アジア、東南アジアにおもに広がっている。」

　この文脈において、以下の文中の空欄にあてはまる最も適当なものを選択肢のうちから一つ選びなさい。

「オセアニアに広がっているのは（　　）である。」
　A ヒンドゥー教　B キリスト教　C イスラム教　D 仏教

◆例2　以下の文を読みなさい。
「Alexは男性にも女性にも使われる名前で、女性の名Alexandraの愛称であるが、男性の名Alexanderの愛称でもある。」

　この文脈において、以下の文中の空欄にあてはまる最も適当なものを選択肢のうちから一つ選びなさい。

「Alexandraの愛称は（　　）である。」
　A Alex　B Alexander　C 男性　D 女性

※1 NIRA（総合研究開発機構）「NIRAオピニオンペーパーno.31／2017.July デジタライゼーション時代に求められる人材育成」、新井紀子氏講演会「AIが大学入試を突破する時代に求められる人材育成」より（2016年6月）

即答できましたか？

例1の正解はB。中学生の正答率は、1年生58%、2年生49%、3年生65%。高校2年生が84%。

例2は、全市的にRSTに協力し、その後も子どもたちの読解力向上に取り組んでいる埼玉県戸田市教育委員会が作成した問題です。正解はA。中学生の選択状況はAが53%、Bが8%、Cが6%、Dが33%。高校生でもAは78%で、Dも19%ありました。

この結果を、どうとらえますか？　新井教授らは、中学生・高校生に必要な読解の力が備わっていないのではないか、教科書が読めていないのではないかという危機感を持ちました。

サンプル数は全国学力・学習状況調査のようには多くないので、"子どもたち全体に共通する日本語読解力の事実"とは言い切れません。でも、こういう現実は存在します。

たとえば理科が好きで実験の態度もいいのにテストの成績がよくない児童・生徒は、理科の学力の問題ではなく、テストの問題文がきちんと読めていないのかもしれません（実は、こういう感想を持つ教師は多くいます）。あるいは、SNSなどのネット上の短文のやりとりで起きるトラブル（発信者の意図を読み取れない。逆に、自分が言いたいことを正確に表現できていない）にも、関係しているかもしれません。きみたちが教師になった時、こんな視点も持っておいてください。

➡ 自己肯定感が低い

●自分には、よいところがあると思いますか？

全国学力・学習状況調査の児童（生徒）質問紙調査で、2007年度の第1回からずっと続いている質問があります。きみたちも回答しています。

「自分には、よいところがあると思いますか」

最初の年、小学生の回答は「当てはまる」29.5%、「どちらかといえば、当

てはまる」42.1％、「どちらかといえば、当てはまらない」20.5％、「当てはまらない」7.8％。

同じく、中学生の回答は、順に20.3％、40.4％、27.7％、11.4％でした[※1]。

なにしろ全国の小学6年生と中学3年生、それぞれ全員が対象となった調査なので、これはまさに**この子どもたちの事実**。数値の分布をきみたちはどう見ますか。教師たちはこの結果を見て「やっぱり。子どもたちの自己肯定感が低い」と心配しました。日ごろからそう実感していたようでした。

「どうせ自分なんて……」という思いは、学習意欲や生活態度、人間関係などにも影響してきます。だから、**自分を肯定的にとらえてくれるよう、教師は努力してきました。**

14年後の2021年度の調査では、同じ質問にこう回答されました。

小学生は順に、36.2％、40.7％、15.5％、7.5％。中学生は順に、34.5％、41.7％、16.6％、7.1％[※2]。

努力が実を結んだのか、長いスパンで見れば、ずいぶん高くなってきました。

きみたちもやがて、教師として子どもたちの姿に向き合うことになります。これは大事な問題なので、【課題】にして、きみたちに考えてもらいます。

小論文・面接ではこう問われる！

課題 学級の子どもたち（児童・生徒）の自己肯定感を高めるために、学級担任として、あなたはどんな工夫をしますか。些細なことでもかまいません。自分自身の経験を踏まえて考えてください。

※1※2 国立教育政策研究所ウェブサイト　教育課程研究センター「全国学力・学習状況調査」

考えるヒント

　全国学力・学習状況調査の質問紙にこんな項目があります（2019年度）。「当てはまる＋どちらかといえば、当てはまる」という肯定的な回答の数値を、参考までにあげます。

◆先生は、あなたのよいところを認めてくれている？　児童86.1%・生徒81.4%

◆将来の夢や目標を持っている？　児童83.8%・生徒70.5%

◆ものごとを最後までやり遂げて、うれしかったことはある？　児童95.1%・生徒93.9%

◆難しいことでも、失敗を恐れないで挑戦している？　児童79.1%・生徒70.3%

◆学級みんなで話し合って決めたことなどに協力して取り組み、うれしかったことがある？　児童84.1%・生徒82.7%

◆人が困っているときは、進んで助けている？　児童87.9%・生徒85.7%

◆人の役に立つ人間になりたいと思う？　児童95.2%・生徒94.4%

◆学級生活をよりよくするために学級会で話し合い、互いの意見を生かして解決方法を決めている？　児童74.0%・生徒71.3%

◆授業では、課題の解決に向けて、自分で考え、自分から取り組んでいた？　児童77.8%・生徒75.0%

　日常の学校生活のさまざまな場面で、こういうことを少しずつ積み上げていくことも有効な手立てでしょう。アクティブ・ラーニングも使えます。

　では、教師はどうしているのか。２項目だけですが、教師への質問も見ておきます。

◆学級全員で取り組んだり挑戦したりする課題やテーマを与えた？　小学校96.6%・中学校95.2%

◆学校生活の中で、児童・生徒一人ひとりのよい点や可能性を見つけ評価する(褒めるなど)取組をどの程度行った？　小学校98.7%・中学校98.5%

　二つめの項目で、「よくしている」は小学校59.9%・中学校55.2%。褒めたつもりではなく、ちゃんと子どもに伝わるように褒めて、その瞬間の表情の変化も見届けましょう。

コラム　自己肯定感と地域コミュニティへの参画

　全国学力・学習状況調査の質問紙の項目を、もう少し見てみます。
◆いま住んでいる地域の行事に参加している？　児童67.8%・生徒49.9%
◆地域や社会をよくするために何をすべきか考えることがある？　児童54.5%・生徒39.4%

　「地域行事の参加」は2012年度の中学生は36.5%でした。また、「地域や社会をよくする」は2013年度の中学生は26.9%でした。目に見えて伸びたと言っていいでしょう。中学生の場合だと、地域行事への参加は、単なる参加ではなく"参画"でしょう(お客さんとしてではなく運営スタッフとして、ということです)。地域のほうでも、将来の地域社会の担い手として、中学生を尊重するようになっています。

　2011年の東日本大震災・津波(3・11)から5年後、福島県いわき市の中学校の生徒会長にインタビューする機会がありました。いわき市では、全中学校の生徒会を中心に、中学生を地域(市や県)の財産として育てる事業を積極的に行ってきていました。彼女はその期のリーダーを務めていました。

　「その時私は小学校4年生で、何が起きたのかもよく理解できずに、た

だ呆然としていました。震災は私たちからたくさんのものを奪い去りました。でも、震災があったから、この事業が生まれ、私たちはいわき市と向き合いたいと思いました。私たち一人ひとりが感じた気持ちや学んだことは違います。しかし、共通しているのは、それはいわき市の復興と結びつくものであるということです。たくさんの方々がこの事業を支えてくださり、素晴らしい経験をさせてくださって、私たちはここまで成長することができました。メンバーはそれぞれ次のステージで力を発揮していきます。そして、どこにいても、必ずいわき市のために活躍できる人材になる。それが私たち全員の決意です」

　中学生たちも、自分たちは決して無力ではないとわかってきました。それはいわき市の中学生に限りません。

　CSで書きましたが、幸いなことに学校と地域とは良好な関係を築いています。学校ではなかなか活躍できない児童や生徒も、地域と協働して、何か学校にはない機会を設ければ、そこで活躍できるかもしれません。地域の大人から「頼むよ」と期待され、「よく頑張ったね、ありがとう」と感謝されれば、自己肯定感も高まることでしょう。

　学力調査で学力上位県の子どもたちは、地域行事への参加率も高いのです。自己肯定感が高まれば、学習にも意欲が出る。そういう関連も想像できます。

　機会を設け、彼らの力を信用して丁寧にかかわれば、子どもたちは変わっていきます。それこそが、教師の喜びでしょう。

学校の中の出来事

Chapter 4で学ぶこと

Chapter 3の学級担任としての仕事(「教室の中の出来事」)に加えて、Chapter 4では学校経営上の課題を取り上げます。学校では、すべての教師が手分けして学校が取り組むべき課題の解決にあたらなければなりません(校務分掌といいます)。会社のように業務ごとの専門部署があるわけではないので、教師一人ひとりが学校経営に主体的に参画することが求められます。きみたちも学校全体の課題を理解しておいてください。

1 学校がかかわっていかなければ ならないこと〜それぞれの現状

➡ 学力向上〜全国学力・学習状況調査

1 AB一体化の問題

　児童・生徒の学力と言えば、現状では**全国学力・学習状況調査**の結果をひとつの目安にしています。

　調査は、小学校6年生と中学校3年生が対象で、教科も国語、算数・数学、3年ごとに理科、2019年度には中学校では英語も実施されました（以降、3年ごとの実施）。4月に行われ、結果が各校や教育委員会に知らされるのが8月初め。残り半年ほどで、子どもたちに必要な学力を保障してあげてくださいというニュアンスです。

　ただ、この調査だけで児童・生徒の学力が十分に把握できるわけではありません。都道府県単位で全学年・全教科と幅広く独自調査を実施しているところもあり、それも合わせて学力が把握されています。

　併せて実施される「質問紙調査（児童・生徒及び学校）」も、子どもたちの学ぶ姿勢や、指導方法と学力（平均正答率）との相関が詳細に報告されているので、学力の底上げや授業改善等に役立てられています（→35ページ）。学習指導要領が示した資質・能力の三つめの柱「学びに向かう力」（→20ページ）は、数値だけでは計れません。質問紙調査にも、"学力上位"の都道府県・市には、それなりの特徴が表れています。

　その全国調査の教科が2019年度から変更されました。2018年度までは、主に知識を問うA問題と、主に活用の力を問うB問題とに分かれていましたが、ABが一体となった問題に変わったのです。

　変更には学校教育の**"学力観"の変化**が表れています。もちろん、ここまで述べてきた資質・能力の育成や授業改善と関係します。

●学校教育では、「一生、学んでいける基盤」を育てる

　なぜABが一体となった問題に変更されたのか。「全国学力・学習状況調査結果を踏まえた学習指導の改善・充実に向けた説明会」（文部科学省。2019年）でのプレゼンテーションをもとにして説明します。主要なメディアには取り上げられませんでしたが、教師には重要なことなので、考え方を理解しておいてください。必要ならChapter 4を再読してください。

　　◆A問題、B問題という整理の仕方を見直して一体的な問題構成としたのは、新しい学習指導要領（2020年から実施のもの）の考え方に基づく。

　改訂の大きなポイントとなった資質・能力の三つの柱「生きて働く**知識・技能**」「未知の状況にも対応できる**思考力・判断力・表現力**」「学びを人生や社会に生かそうとする、学びに向かう**人間性**」。この三つが相互に関係し合いながら育成されるという考え方をもとにしたものです。

　　◆これまでは、知識・技能を問うのがA問題、思考力・判断力・表現力（活用する力）を問うのがB問題という形で実施されてきた。でも両者は別々に育成するものではなく相互に関係し合いながら育成される。そのことを設問を通して感じてほしいという意図で、一体化という構成にされた。

　学ぶための基礎力として知識・技能はもちろん必要で、それはしっかり身につけていく。ただ、新しい学習指導要領では、"まず知識・技能があって、その後に活用がある"というのではなく、"生きて働く知識・技能と思考力・判断力・表現力とは一体的に高まっていくことで深い学びになっていく"と言っています。このことを感じてほしいというメッセージです。

　　◆子どもたちは、変化の激しい、先の見通せない将来を生きていくことになる。学校で身につけた知識だけで何十年も生きていける時代ではな

> く、必要なときに必要なことを学んで生きていかなければならない。そ
> うやって一生学んでいける基盤を育てていくのが学校教育、特に義務教
> 育の目標、目的。

　知識を蓄えるだけ蓄えて、それを高校入試や大学入試で一気に使い果
たす……。学校教育の目的はそうではありません。知識や経験を活用して
課題を解決する。学校で獲得した知識だけでは不十分なら、学校を卒業し
ていても、またそこから学び続ける。そういう姿勢や学び方を育てようと
言っています。

> ◆この調査は当初から、知識・技能を活用していくことに重点を置いて
> きた。学校で学ぶということは、単に紙の上のテストで競争することで
> はなく、将来生きていく基盤となるものであり、それを何らかの形で子
> どもたちに実感させたい。その実感を通じて、学ぶことは重要なのだと
> いうことを伝えたいという思いが、そこにはある。

　"紙の上のテストで競争することではない"ので、**学力テストではなく
学力調査**とされています（いまだに「全国学テ」と書くメディアがありま
すが、それは誤りです）。
　"B問題という発想"は、**PISA調査**（→96ページ）**の「知識の活用」に触発
されたもの**だと思います。AB一体化で「知識は蓄えるものではなく使う
もの」という意識が、子どもにも教師にもより明確になるでしょう。全国
各地の公立中学で定期テストに「資料持ち込み可」という動きが出ている
のは、その表れだと思います。きみたちもそのように理解してください。
　実際に教師になると、日々の"やらなければならないこと"に追われて、
全国調査の結果などを通して学校教育の課題の全体像を俯瞰してみる余
裕は持てません。でも、その気になればこんなデータが得られることは覚
えておいてください。そして大いに活用力を発揮してください。

PISA（ピザ）調査＝Programme for International Student Assessmentの略で、「国際的な生徒の学習到達度調査」と日本語訳されていますが、訳語として適切でしょうか？

OECD（経済協力開発機構）が、加盟各国の教育制度や政策をさまざまな側面から比較する指標の開発を進めており、その一環として2000年から実施されているものです。具体的には、持っている知識や技能を、実生活のさまざまな場面で直面する課題にどの程度活用できるかを調査するものです。

"知識・技能"は入学試験のために使うのではなく"生きていくために必要な知識・技能"として活用する。学習指導要領の方向性そのものだと思いませんか？

調査内容は、読解（reading）リテラシー、数学的リテラシー、科学的リテラシーの三分野。各分野に関して、概念の理解度、思考プロセスの習熟度、さまざまな状況に臨機応変に対処する能力を評価します。

読解リテラシーは、日本では"読解力"と訳されたため、国語の文章読解力だと"誤解"されました。趣旨に近い訳語は"（情報を）読み解く力"です。文章やグラフ、表などで与えられた情報から必要な情報を選択して、課題解決に用いる力です。ゆえに、正解が1つではありません。国語Bを想像できましたか？

対象は15歳（義務教育修了段階）。3年ごとに実施され、近年の日本では高校1年生6000人あまりが参加しています。運よく経験できた人もいるでしょう。高校で探究的な学びを経験してきたきみたちは、この6000人をどう抽出したのだろうか、6000（世代人口の約0.5%）はサンプル数として適切かなど、"問い"を立ててください。数字を頭に入れただけでは何の意味もありません。

PISA2000の結果が公表されたとき、参加32か国中、"読解力"が8位（数学的リテラシー1位、科学的リテラシー2位）だったことで、「日本の子どもたちの学力が低下している」と教育行政や大手メディアなど教育関係者間で大騒ぎになりました。ちなみに、読解リテラシーのトップがフィンランドで、その後、日本からフィンランドに大挙して視察に訪れ

ています。ただ、フィンランドの人口は530万人ほどで児童・生徒数も少なく、教師は大学院卒業が基本であったり、家庭教育や個別の支援体制なども含めて、日本とは事情が大きく異なっています。視察の成果がどう役立ったかはわかりません。その意味では、秋田県への視察（→37ページ）のほうが有効だったと言えます。

　調査の目的は各国の順位づけではなく、自国の子どもたちにどんな力が欠けているかを診断し、改善の視点として役立てるものです。本来のねらいではなかったのですが、それでも、「8位」という衝撃がその後の学校教育の改革につながったのだとしたら、"けがの功名"です。

　なお、同時に質問紙調査も実施されました。ここでは「宿題や自分の勉強をする時間」が参加国中、最下位という結果が出て（学力に関する順位よりこのほうが大問題です）、これも後の「家庭学習の充実」や「学びに向かう姿勢」につながりました。

　PISAは、日本の学校教育界を大きく揺さぶった、まさに"黒船"でした。

➡ 体力の低下〜体力・運動能力、運動習慣等調査

1 人間は退化しつつある？

　学力以外の他の分野でも大規模調査が行われています。「体力・運動能力、運動習慣等調査」は体力・運動能力の全員（悉皆）調査です。調査対象は小学校5年生と中学校2年生全員。昭和時代から実施されている伝統的な調査なので（「新体力テスト」を用いた調査は平成11年から）、きみたちの多くは参加した経験があるはずです（私立校も70〜75％程度参加）。体力や運動能力は低下したのか、向上したのか、表れている数字は当該世代の事実です。直視してください。

　「子どもたちの体力が低下した」「部活（運動部）をやっていない中学生の運動時間はゼロ」といったニュースは、この調査に基づいています。参考までに50メートル走の記録をあげてみます。1985（昭和60）年と2019（令和元）年の数値です[1]。保護者世代と子ども世代の比較です。

※1 スポーツ庁ウェブサイト「全国体力・運動能力、運動習慣等調査」

		1985年	2019年
小5	男子	9.05秒	9.42秒
	女子	9.34秒	9.63秒
中2	男子	7.90秒	8.02秒
	女子	8.57秒	8.81秒

　100メートルを9秒台で走る日本人アスリートが出現している一方で、日本人全体としては運動能力は退化しています。こういうデータが存在することを知っておいてください。何かに活用できるかもしれません。

　質問紙調査もあるので、運動習慣も見ておきます（2019年度）。「体育・保健体育の授業以外」の「1週間の総運動時間」を聞いたものです。「420分以上」が1日1時間見当です。

		420分以上	60分以上～420分未満	60分未満
小5	男子	51.4%	41.0%	7.6%
	女子	30.0%	57.0%	13.0%
中2	男子	82.1%	10.4%	7.5%
	女子	60.4%	19.9%	19.7%

　運動部に入っていなければ、運動の機会・場所を確保するのは、意外に大変です。多くの公園ではボールでは遊べません。誰もが地域や民間のスポーツクラブに入るわけにもいきません。そうはいっても、運動することで俊敏性や持久力を鍛えたり、体力を維持したりすることは大切です。勉強するスタミナの土台は体力ですから、健康はもちろん学力にも影響します。

　運動能力や体力に関するネガティブな現象も聞きます。幼児が、転んでとっさに手をつけなくて、顔から床にぶつかる。授業中、背筋を伸ばしていられない。タオルを絞れない……など。

　これらは大都市の子どもたちの傾向のように思えますが、そうではないようです。むしろ、地方都市は車社会で、地域によっては保護者が車で出勤時に子どもを学校に送って行くといったことが当たり前になっており、"徒歩通学"の励行に取り組んでいる小学校もあります。

　やがて教師になった時、きみたちはどうすればいいでしょう。

　調査を見越して、調査種目について"特訓"を行う学校があります。「それはどうなんだろう」と疑問に思う人が多いと思います。でも、教師に聞くと「どの子にも自己ベストを出させてあげたいから」と言います。そのことで子どもたちが「頑張ればできるようになるんだ」と実感できれば、他のことに対しても意欲的になれるかもしれません。自己肯定感が高まるかもしれません。そう考えると、教師としては正しい在り方なのかもしれないとも思えます。物事には多様なとらえ方があります。

② 「できた」「おもしろい」から始まる

　"特訓"は特別な例として、体力向上に取り組む小・中学校では、一般的には、まず、体育の時間の充実に力を入れます。競技者を育成するわけではないので、何でもいいから子どもに「できた！」「案外おもしろい」という経験（成功体験）を持たせます。それだけで「スポーツは楽しい。もっとやってみたい」という動機づけになります。それこそ、どの子も自発的に自己ベストの更新を目指せばいいわけです。

　体育の授業で逆上がりができた子は、休み時間も鉄棒に向かいます。そして、何かひとつでも得意な種目があれば、「卒業後も自主的に運動やスポーツをしたい」という気持ちになる児童・生徒が多いという傾向も、調査結果には表れています。これもある意味では**学びに向かう力**です。

　学校の近くに教員養成系の学部を持つ大学があれば、そこと連携して体育系（体育教師志望）の学生を外部講師として派遣してもらって、"苦手種目克服講座"などを行うことも、学校と外部との連携が進んだいまは可能です。苦手な子が多い器械体操でも、「ここでヒジを曲げるといいよ」な

ど専門家の的確なアドバイスで、できなかったことがたちまちできるようになります。

CS(コミュニティスクール)などの学校を取り巻くいろいろな環境を活用して、子どもが成功体験を積める場をつくる。学習でも運動でも、教師ができることはたくさんあります。忘れないでください。

全くの余談です。

もうひとつ、6〜79歳を対象にした「体力・運動能力調査」(スポーツ庁)というものがあります。よくよくデータを読むと「教師の体力は小学校4年生と同レベル」という結果が出ています。4年生はこれから向上していきますが、教師はたぶん低下の一途。子どもたちだけでなく、自分自身の体力維持にも気を配ってください。教師の仕事はけっこう体力勝負です。

➡ 児童・生徒の問題行動

●学力、体力と並ぶ大規模調査

文部科学省は毎年、「**児童生徒の問題行動・不登校等生徒指導上の諸課題に関する調査**」を行っています。国公私立小学校・中学校・義務教育学校・高等学校・中等教育学校の全校が対象です。項目によっては市区町村教育委員会も対象にされます。

調査項目は、暴力行為、いじめ、出席停止の措置、長期欠席(小・中学校等及び高校の不登校等)、中途退学者等(高校・中等教育学校後期)、自殺、教育相談です。

学力調査、体力調査とともに全校を対象にした大規模調査です。三つの調査で"知(育)・徳(育)・体(育)"をカバーしています。

きみたちが教師になった時に、大多数が直面するであろう事柄についての調査結果(2019年度)の数値と、近年の傾向を説明します[※1]。その後で、きみたちに考えてほしいことを二つ課題にします。

※1 「令和元年度　児童生徒の問題行動・不登校等生徒指導上の諸課題に関する調査結果について」(2020年11月)

■ 暴力行為

●数値が大きくなっているからといって

　暴力行為（学校管理下・学校管理下以外）の発生件数は、小学校43,614件（2019年度。前年度は36,536件）、中学校28,518件（同29,320件）。学校の管理下における暴力行為に絞ると、中学校は2013年度の36,869件からはほぼ毎年減少しているのに対して、小学校は2014年度の10,609件以来、大きな増加傾向にあります。中学校では学校管理下以外でも2009年度4,333件をピークに2019年度は1,130件と大きく減少しています。この数値にはどういう背景があるのでしょう。

　中学生の学校管理下以外（下校後や休日などの学校外）での暴力行為の減少は、CSにも関係していそうです。生徒が地域の人々と交流する機会が増えてお互いに顔見知りになることで、生徒たちは自らの行動に歯止めをかけ、あるいは地域の人たちも不穏な空気を察したら声をかけるなどの人間関係ができました。そういう力が働いていることも一因かもしれません。これが子どもたちを育てるための本来のあり方です。

　暴力行為の内訳（学校管理下）も見ておきます。

資　料

　●**対教師暴力**
　【小学校】発生件数6,486件　加害児童2,951人　被害教師4,306人
　【中学校】発生件数2,898件　加害生徒2,071人　被害教師2,778人

「ひとりの児童・生徒が何回も」「特定の教師が複数回」といった数字の出方です。

　●**生徒間暴力**
　【小学校】発生件数30,464件　加害児童24,956人　被害児童28,982人
　【中学校】発生件数18,716件　加害生徒18,764人　被害生徒18,462人

中学校では「複数の生徒がひとりの生徒に対して」というケースがある
ようです。また、対人暴力（対教師・生徒間を除く）と器物破損の内訳は次
のようになっています。

●**対人暴力**
【小学校】発生件数163件　加害児童143人　被害者186人
【中学校】発生件数191件　加害生徒150人　被害者199人
●**器物破損**
【小学校】発生件数4,681件　加害児童4,287人
【中学校】発生件数5,583件　加害生徒5,678人

　"数字が増えている"というのは、必ずしも発生件数が増加していると
いうことではありません。教師が、子どもの行為を暴力だと判断して管理
職に報告をあげれば「暴力行為」としてカウントされますが、「ただの子ど
も同士のケンカ」としてその場限りのことにすれば、件数にカウントされ
ません。

　良くも悪くも"昔"は学級内の問題として担任が処理していました。同
級生が仲裁に入って収めるケースもありました。でもいまは些細なこと
でも学年や学校で共有するようにしています。そのために、特に小学校で
は暴力行為の数値が増加しているのですが、実際に子どもたちが殺伐と
してきたわけではありません。対教師暴力には、暴れている子どもがなだ
めに入った教師をはずみで蹴ってしまったといったことも含まれています。

　こういうネガティブな数字が大きいことを「学校の恥だ」と考える校長
や教師がいないわけではありません。でもたとえ数字は大きくなっても、
担任が抱え込むことなく学校の課題として学校全体で共有し、早期の解
決にあたる学校のほうが健全だと言えます。ONE TEAMはこんなとき
に機能します。

② いじめ

●ほとんどの学校で起きている

　いじめの認知件数は、小学校484,545件（2019年度、前年度425,844件）、中学校106,524件（同97,704件）、高校18,352件（同17,709件）、特別支援学校3,075件（同2,676件）。いじめを認知した学校数は30,583校で、全学校の82.6％にあたります。ほぼどこでも起きています。それでも認知したもののうち83.2％が解消しています。

　認知というのは、学校が把握して「それはいじめだ」と認識（校内で認定して教育委員会に報告）したものです。暴力行為同様、「これ、もしかしていじめかも？」といった些細なことも含まれます。どこの学校でも「とにかく発見したら、早めに対応しよう」という姿勢になっているので、認知件数は増えています。それでも、気づいていたのに放置していたために重大事に至るケースがいまでも後を絶たず、どこかで重大事が起こるたびに認知件数は増加します。

　小学校では2014年度には122,734件（中学校は52,971件）だったのが、以後、急増しています。なぜでしょう。

　ある重大な事件をきっかけに、2013年９月に「いじめ防止対策推進法」が施行されました。これにより、いじめが定義され、対処の仕方が示されました。学校には、複数の教職員や心理、福祉関係の外部専門家などからなる組織をつくって、敏感に、迅速に対応することを求めました。また、各都道府県等でも「いじめ防止基本方針」の策定及び「いじめ問題対策連絡協議会」等の設置が進められました。そのため、小さな芽のうちに発見、対応するようになりました。急増にはそういう背景があります。必ずしもいじめそのものが激増したわけではありません。

　この問題はそういうことが繰り返されています。

●学年が進むとだんだん減ってくるが

　細かい内容も見ておきます。

　学年別のいじめの認知件数（概数）は、小学生は１年生8.8万件、２年生9.6

万件、3年生9.2万件、4年生8.3万件、5年生7.1万件、6年生5.5万件と減っていきます。男女別だと、各学年で男子が女子より1万件ほど多くなっています。

　中学生は1年生が5.5万件で、2年生3.4万件、3年生1.7万件と半減します。高校生は1年生9千件、2年生6千件、3年生3千件と、"大人になるにしたがって"減ってはいきますが、"いじめゼロ"には程遠い数です。教師間や会社勤めの大人同士でもいじめは起きるのですから、複数の人間が一緒にいる環境では仕方ないのかもしれませんが、このことは、後できみたちに考えてもらいます。

　気になるのが特別支援学校です。小学部では516件ですが、中学部では574件、高等部では1,985件と増加しています（各前年比も増加）。きみたちの中には特別支援学校の教師を目指す人もいると思います。気にとめておいてください。

　近年、問題になっているのが「SNSいじめ」や「ネットいじめ」です。これについてはきみたちのほうが詳しいと思います。「パソコンや携帯電話等でひぼう・中傷や嫌なことをされる」のは、小学校5,608件、中学校8,629件、高校3,437件、特別支援学校250件（各前年比も増加）。

　なにしろスマホや携帯電話の所有（使用）率が小学生で55.5％、中学生では66.7％、高校生はほぼ全員の97.1％という調査結果もあります※1。小学生が、中学入学祝いにスマホを買ってもらったとたん、クラスで"～はずし"のようないじめが起きてしまうのが現実です。SNS上のいじめはなかなか表面に表れてこないので、実際には認知件数よりずいぶん多いはずです。また、思わぬ子どもが加害者であるケースもあります。

　そもそも、スマホの契約者（所有者）は保護者なので、使用に関しては家庭に責任があります。とは言っても、いじめは教室でも起きてしまうので、教師はこうした新たな問題にも対応していかなければなりません。

●傍観者にならない、傍観者にしない

　いじめの態様（という言い方をします。「形態」のことです）と、学校では

※1「令和2年度　青少年のインターネット利用環境実態調査」（2021年3月）

それをどうやって発見しているのかをあげておきます。

態様は、小・中ともに「冷やかしやからかい、悪口や脅し文句、嫌なことを言われる」「軽くぶつかられたり、遊ぶふりをして叩かれたり、蹴られたりする」「仲間はずれ、集団による無視をされる」の順番で多く、この三つで90％に達します。

高校では「パソコンや携帯電話で、ひぼう・中傷や嫌なことをされる」が2番めに多く、「叩かれたり、蹴られたりする」といった身体的なものを上回っているのが特徴的です。

各学校種とも、「金品を隠される」とか「嫌なことや恥ずかしいことをさせられる」も、少なからず起きています（約5〜8％）。

子ども同士のトラブルのなかには、いじめとは呼べないレベルのものもあるかもしれません。でも、いじめかどうかは、ふだんの人間関係から、そうされた子どもがその行為をどう受け取るかです（単に"いじられた"のか、あるいは"いじめられた"のか）。難しい判断ですが、教師は敏感であってください。

では、学校ではいじめをどのように発見しているのでしょう。

小学校では70％、中学校では54％が教職員による発見です。ただ、学級担任による直接の発見はそのうちの20％未満で、最も多いのはアンケート調査（自らの訴え）。小学校の担任は授業だけでなく休み時間や給食、掃除の時間も子どもたちと一緒にいますが、いじめはなかなか見つけられないようです。中学校では、学級担任以外の教師による発見もあります。

教職員以外の発見では、いじめられている本人からの訴えと本人の保護者からの訴えの合計が9割弱になります。アンケートも含め、やはり自ら勇気をもって声をあげなければ救われないのでしょうか。

気になるのが「児童生徒（本人を除く）からの情報」が、小学校では全体の3.0％、中学校では5.3％、高校でも4.3％しかないことです。

本当は、教師よりも同級生のほうがいじめに気づいているはずです。きみたちは、もうすぐ高校を卒業します。いまさらですが、この問題の傍観

者にならないでください。そして、教師になってからは、子どもたちを傍観者にはしないでください。

● 「いじめゼロ」を実現したい

　いじめに関して、課題を設定します。きみたちは、これまでの学校生活で「いじめ防止」に取り組んだ経験があると思います。それを生かして考えてください。

小論文・面接ではこう問われる！

課題 児童会・生徒会としていじめ問題に取り組む子どもたちは、「いじめを減らそう」ではなく「いじめゼロ」を目指します。どうすれば「いじめゼロ」は実現するのでしょう。児童・生徒としての経験を踏まえて、教師の立場で考えてみてください。

考えるヒント

　全国の学校がアクティブ・ラーニングの実現に取り組み始めたころ、「子どもたち同士の話し合いができる学級では、いじめが起きにくい」と言われました。発言を最後まで聞く、自分と異なる考えも互いに受け入れる。その上で協働して課題解決に取り組む。自分あるいは自分たちとの違いを認め合う集団では、なるほど、仲間はずしやSNSを通じた悪口などはなくなりそうです。「それは違う」と思えば、教室で発言できるわけです。

　道徳はどうでしょう。「教科」になった背景は、実はいじめ問題への対応です。当時の文部科学大臣からは「いじめに正面から向き合う『考え、議論する道徳』への転換に向けて」というメッセージが発せられました（平成28年11月）。

　現実には道徳でも教科書が用いられます。掲載されている題材の

多くは"物語"であって、当初の目的通りにいじめに向き合って考え、議論できているわけではありません。それでも、報道等を通して実際の事例の概要はつかめるわけですから、教師が事柄や人間関係などを整理して、それを教材として「自分たちならどうする」と考え、議論することはできるはずです。子どもたちだって、同年代の子どもたちが起こした事件に無関心なわけはありません。他人事ではなく自分事として考え、議論させてください。

　生徒会サミットという取り組みを行っている市や町があります。その名称のとおり、市内の生徒会や児童会の代表者が集まって「どうすればいじめをなくせるか」を話し合い、共通の行動を決めます。

　何例か取材したことがありますが、この取り組みを成功させるポイントは、担当の指導主事(教育委員会)や引率の教師が"よけいな口出しをしないこと"です。子どもたちの討議の仕方はもちろん、出した結論も丸ごと受け取る。子どもたちに任せたのなら、徹底して信頼し切ることです。きみたちが、児童・生徒としてこんな機会に参画していたとしたら、どうでしょうか。信頼して任されたら、子どもたちは責任のある答えを出します。そして、特に中学生ともなると、押しつけられた規則には反発しがちですが、自分たちで決めたことなら守るようです。きみたちもそうでしたか？

　実際の行動で、必ずといっていいほど出てくるのが「あいさつ運動」です。継続して取り組んでいる学校がたくさんあります。きみたちも経験しているかもしれません。「あいさつは人と人とが理解し合う始まり」だと子どもたちは考えます。もし小論文や面接でこんな課題が出されたら、それが"いじめゼロ"にどうつながるのか、きみたちが取り組んだときの思いをまとめてください。

　これだけ「いじめをなくそう」と言われ、法律もできたにもかかわらず、子どもが勇気を振り絞って「助けて」と訴えたアンケートをぞ

んざいに扱った教師がいました。

　教師自身が事の重大さを自覚して、一人ひとりの教師が、ひとつひとつの学級からいじめをゼロにしていけば、やがて日本中の学校からいじめはなくなります。

❸ 不登校
●中学校に入学すると急増

　不登校は、次のような理由で年間30日以上欠席することと定義されています[※1]。

> 「何らかの心理的、情緒的、身体的、あるいは社会的要因・背景により、児童生徒が登校しないあるいはしたくともできない状況にある者（ただし、「病気」や「経済的理由」による者を除く）」をいう。

　該当する小学生は53,350人（2019年度。前年度は44,841人）。全体の0.8％にあたります。このうち90日以上欠席している児童は22,632人、出席日数が10日以下の児童は4,249人、出席日数が０日の児童は1,601人。

　一方、中学生は127,922人（同119,687人）と２倍以上になります。全体の3.9％で、どの学級にも１名の不登校生徒がいる割合になります。このうち90日以上の欠席は78,225人、出席日数10日以下は18,037人、出席日数0日の生徒は5,757人もいます。

　小学校、中学校とも2012年度以降、増加傾向にあります。

　小学校１年生から学年を追って見ていきます。

小1	小2	小3	小4	小5	小6
2,744人	4,549人	6,715人	9,466人	13,282人	16,594人

※1「平成30年度　児童生徒の問題行動・不登校等生徒指導上の諸課題に関する調査結果について」（2019年10月）

中1	中2	中3
34,324人	45,327人	48,271人

　見てわかるように、中学校に入学すると倍増します。**"中1ギャップ"**といわれるものの表れ方のひとつです。

●**小学生にとっては学校＝学級**

　不登校になった要因を見ておきます。調査では「学校に係る状況（いじめ、学業の不振など8項目）」「家庭に係る状況（家庭内の不和など3項目）」「本人に係る状況（生活リズムの乱れ・あそび・非行、無気力・不安の2項目）」に分類しています（以降、項目の記述は簡略化）。

　小学生（53,350人）で主となる要因の最多は「無気力・不安（本人）」で41.1％にのぼります。次いで、「親子の関わり方（家庭）」が16.7％。この二つは、主因が他にある場合でも二次的な要因となっています。

　3番めが「生活リズムの乱れ・あそび・非行（本人）」で10.3％。以下「いじめを除く友人関係をめぐる問題（学校）」10.2％、「学業の不振（学校）」4.3％、「家庭の生活環境の急激な変化（家庭）」3.6％、「教職員との関係をめぐる問題（学校）」2.4％……となっています。

　教師にはどうにもできない要因もあります。実際に、家庭の状況（22.0％）が学校の状況（20.9％）を上回っています。でも、わずかではあっても**教師も不登校の原因**になっています。小学生にとっては**学校＝学級**です。信頼されるべき学級担任が子どもの居場所を奪うことがないようにしてください。

●**授業改善が不登校を防げるかもしれない**

　中学校の不登校生徒（127,922人）も分類は同じです。同様に見ていきます。

　主因の最多は「無気力・不安（本人）」で39.5％。そうなった背景や奥底には複雑な要因がからんでいます。他人への共感が苦手という発達障害による特性（次の「特別支援教育」参照）がそもそもの原因になっていること

なども考えられます。

　次いで「友人関係（学校）」17.2%。人間関係は小学生より複雑です。

　続いて「生活リズムの乱れ・あそび・非行（本人）」8.6%、「学業の不振（学校）」8.5%、「親子の関わり方（家庭）」7.5%。やはり、**学業不振**が主因になるケースが増えてきています。他の9項目の合計は9.6%にとどまり、主因ではなく、二次的な要因になっているようです。

　小学校に比べて学ぶ内容が多く、授業のスピードが速いことで授業についていけなくなることも中1ギャップの大きな原因になっていました。今回の授業改善によって、その点は緩和されるかもしれません。"授業者"はそんな"学習者"の事情も意識しておいてください。

　もちろん、学校は不登校の子どもたちを見捨ててはいません。

　学校内の施設や機関等で相談・指導等を受けた結果、登校する（できる）ようになった児童は22.8%、生徒は22.8%。継続した登校はできなくても約23%の児童・生徒には改善の兆しが見えます（保健室登校など別室登校なども含みます）。

　不登校児童・生徒に特化（特別な教育課程を編成）した学校もあります（通称・不登校特例校）。全国に公立8校・私立9校の計17校が存在します（2021年度）。中学生だけでも13万人近い不登校生徒数はけっして小さくはありません。

　関心があれば、特例校・八王子市立高尾山学園のウェブサイトも見てください。

●**学校だからこその役割は何か**

　不登校についても課題を設定します。

　いま、国による「**GIGAスクール構想**」が進められています。「児童生徒1人1台コンピュータ」を中核として、高速大容量の通信ネットワークなど学校のICT環境を整備して、「誰一人取り残すことのない、個別最適化された学びの実現」を目指すというものです。

　たとえば、現状では"補充的な学習""発展的な学習"（算数・数学などの

少人数授業で、きみたちも経験していると思います）として行われている
ものを、もっとシステム化するものです。新型コロナウイルス感染症の蔓
延のせいで環境整備が一気に進み、実現が早まるかもしれません。

　こうした学習環境を柔軟に活用すれば、在宅の状態でも授業を受ける
ことが可能になります（2020年４、５月の全国一斉休校時には、オンライ
ン授業を試行した学校もありました）。予備校のサテライト授業のような
ものです。いずれ双方向の質疑応答も可能になることでしょう。ストレー
トに言えば、不登校の子どもたちが無理に登校しなくても、必要な学習内
容（学習指導要領に規定されている内容）の履修がある程度可能になりま
す。実際にそういうことも言われています。

　以上のことを背景として、課題を出します。

📖 小論文・面接ではこう問われる！

　課題 ICT等を活用して在宅のままで、必要な教育課程を修了する
ことができるのなら、不登校の児童・生徒たちは、あえて登校する必
要はないと考えますか？　それとも、やはり学校は必要だと考えま
すか？　その理由は何ですか？

💡 考えるヒント

　学校とは何なのでしょう。子どもたちにとって、どういう場所なの
でしょう。これこそ正解などありません。同年齢・同世代の子どもた
ちが縦に横につながることのできる、学校という"場所"が果たす役
割も想像しながら考えてください。

➡ 特別支援教育

■ 実は"困り感"を抱えていた同級生

　定義や経緯、枠組みなどはChapter 2でふれました。ここでは、視覚障害や聴覚障害、肢体不自由などに比べると"見えにくい"**発達障害**について説明します。

　発達障害という言葉が学校教育で一気に知られるようになったのが、2002（平成14）年度に文部科学省が実施した全国調査です。この調査により、小・中学校の通常の学級に在籍している児童・生徒のうち、**LD、ADHD、高機能自閉症**により学習や生活の面で特別な支援を必要としている児童・生徒が約6.3％の割合で存在する可能性が示されました（2012年の調査では6.5％[※1]）。6.3％あるいは6.5％だと35〜40人の学級に2人は在籍していることになります。

　それ以前は「落ち着きがない子」「気難しい子」「空気を読めない子」などと見られていた児童・生徒が、実は発達上の障害を抱えていた（＝自分で上手くコントロールできない）ということが明らかにされたのです。

　こうした子どもたちは、教師や同級生に気づかれないまま**「困り感を抱えていた」**と表現されます。保護者ですら、子どもが一定の年齢になるまでその困り感に気がつかないこともあります。

　発達障害者支援法（2004年。2016年一部改正）の制定にあたって、発達障害の定義が整理されています。厚生労働省及び文部科学省の定義をもとにして、それぞれの言葉を説明しておきます[※2]。現在では分類の仕方が変更されているところもありますが、それについては後でふれます。まずは、障害のある子どもたちがどんなふうに困っているのかを理解してください。

> ### 資 料
>
> ◆**学習障害　LD（Learning Disabilities）**
> 学習障害とは、「聞く」「話す」「読む」「書く」「計算する」「推論する」といっ

た学習に必要な基礎的な能力のうち、一つないし複数の特定の能力について なかなか習得できなかったり、うまく発揮することができなかったりすることによって、学習上、様々な困難に直面している状態です。

たとえば、文字を文字として認識できず、ただの模様にしか見えない人がいます。

みんなが文字を読めない幼児期は問題なくても、小学校に入学すると、自分は他の子のように教科書を音読できないとか、文字が書けないと気がつきます。LDが認識される以前は、その子には"努力が足りない"というレッテルが貼られていました。

◆**注意欠陥多動性障害（注意欠如・多動性障害）**[※1]
ADHD（Attention-Deficit/Hyperactivity Disorder）
おおよそ、身の回りの特定のものに意識を集中させる脳の働きである注意力にさまざまな問題があり、又は衝動的で落ち着きのない行動により、生活上、様々な困難に直結している状態です。

ADHDには、大きく三つの特性があるとされています。
・不注意＝忘れっぽく集中できない（注意の持続ができない、一つずつのプログラムがきちんと終わらない、忘れものやなくしものが多いなど）
・多動性＝じっとしていられない（授業中でも立ち歩く、しゃべり続けてしまうなど）
・衝動性＝考える前に行動してしまう（相手の応答を待たずにしゃべる、順番を待ったり我慢したりすることが苦手、思ったらすぐ行動に移してしまうなど）

自分がADHDだと認識した時から自分の特性に合わせた生活をしてきたという人もいます。たとえば注意力が散漫なら、出かけるときは手荷物を一つにして、必ず手元に置いておくなど。ADHDの程度や現れ方は人

※1 これまではADHDは「注意欠陥多動性障害」と訳されてきたが、最近は「注意欠如・多動性障害」や「注意欠如・多動症」と表記されることが多くなっている。

によってさまざまなので、自分で自覚してそんな自分の個性とつき合うことができる人もいるわけです。

◆**自閉症**（Autistic Disorder）
　①他人との社会的関係を築くことが苦手、②言葉の発達の遅れ（他者との言葉のやりとりの難しさ）、③興味や関心が狭く特定のものにこだわる（イマジネーションの難しさ）という特徴があり、これが原因で社会生活が困難になっている状態です。その特徴は、3歳くらいまでに現れることが多いですが、小学生の年代まで問題が顕在化しないこともあります。
※**アスペルガー症候群**　知的発達の遅れを伴わず、かつ、自閉症の特徴のうち言葉の発達の遅れを伴わないもの。

　自閉症は、具体的には、相手の気持ちを読み取ることが難しい、予期しない変化に不安を感じる、自分の気持ちの調整が難しい、一度に複数のことを行うことが苦手などといった困り感があります。

　現在では国際的な分類が変更され、自閉症やアスペルガー症候群などと呼ばれていたものをまとめて、「自閉スペクトラム症（ASD = Autism Spectrum Disorder）」と総称するようになっています。同じ意味で、「自閉症スペクトラム障害」という表現が使われる場合もあります。また、「広汎性発達障害」という言葉を目にすることがあるかもしれませんが、これもほとんど同じ意味で使われています。

　こうした分類は、アメリカ精神医学会による診断基準や世界保健機構（WHO）によるマニュアルに基づきます。

　上記の定義などは、「あ、そういうことなのか」程度に理解してください。実際はかなり複雑です。該当する子どもに接するとき、こうした表面的な知識だけではかえって対応に誤りを生じかねないので、あらためて大学でしっかり学んでください。いまはもう必修になっています。

② よく見ると子どもたちは一人ひとり違う

特別支援教育のうち、視覚障害や聴覚障害等は昔から「盲学校」「聾学校」「養護学校」（いずれも現在は名称が変更されています）などで、障害に応じた特別な専門教育が実施されてきました。生まれつき聴覚障害を持った子どもが、発声し、言葉をしゃべり、会話ができるようになるための指導など、本当に「すごいなあ」と思います。

しかし、発達障害に対しては、日本の学校で広く認識が持たれたのは、2002年度調査と中央教育審議会の答申（2005年）からで、以後、急速に、困り感を抱えた子どもたちに特別な支援を行う教育環境が整えられました。2005年4月には**発達障害者支援法**も施行されました（早期発見や教育・就労への支援を定めたもの。2016年一部改正）。

発達障害や子どもたちの困り感が認識されても、当初は、特別支援学級や特別支援学校（入学の条件を満たしていても）で教育を受けることを拒む保護者がたくさんいました。障害と思いたくない、世間体が悪いといった理由でした。「それでは憲法で保障された学ぶ権利を子どもから奪っている」という論議がなされたこともあります。

でも、無理に通常学級で学ぶことを選択しても、他の子どもたちの学びのペースでは十分に教育がいき届かない場合もあることが、保護者にもしだいに理解されてきました。その後の特別支援教育の充実もあって、いまでは、積極的に特別支援学級や特別支援学校が選択されるケースが多くなっています。

それでも、困り感を抱えながら通常学級に在籍する子どももいます。どこの学校でも、多くの学級で見かけます。共生社会の実現を目指すために、学校ではインクルーシブ教育が推進されているという背景もあります。特別支援教育の教師を志望していなくても、こうした子どもへの対応はしっかり学んでおいてください。

障害による困り感ではなくても、理解に時間のかかる子や自分の気持ちを表現するのが苦手な子など、よく見ると子どもは一人ひとり違いま

す。特別支援教育の視点を持つことは、**子どもたち一人ひとりを見て、最も適した指導を工夫すること**につながります。その視点は学級経営には不可欠です。

➡️ 日本語指導が必要な児童・生徒

1 日常会話はできても、学習言語が不足

その子のニーズに合わせた教育という意味では、これも特別支援教育かもしれません。

子どもたちの日本語読解力が不安なことにはふれましたが、ここで取り上げるのは、いわゆる**外国につながりのある子どもたち**の課題です。

文部科学省では「日本語指導が必要な児童生徒の受入状況等に関する調査(平成30年度)」を実施し、2019年9月にその結果を公表しました(2020年1月に一部訂正)。

「日本語指導が必要な児童生徒」とは、「日本語で日常会話が十分にできない児童生徒」及び「日常会話はできても、学年相当の学習言語が不足し、学習活動への参加に支障が生じており、日本語指導が必要な児童生徒」を指します。小・中学校時代のきみたちの学級にも在籍していたのではないでしょうか。

公立の小学校、中学校、高等学校、義務教育学校、中等教育学校、特別支援学校が調査対象です。ちなみに、2018年度にこれらの公立学校に在籍している外国籍の児童・生徒数は93,133人(小59,094人、中23,051人、高9,614人、義務326人、中等151人、特支897人)でした(数値は学校基本調査より)。2014年度(73,289人)以降、増加が顕著になってきました。日本の公立学校もだんだん多様な社会になってきました。

さて、日本語指導が必要な児童・生徒の数を見ていきましょう[1](外国籍だけでなく日本国籍の児童・生徒もいます)。

日本語指導が必要な児童・生徒数51,126人(2016年度調査から7,179人増加)の内訳は、次のようになっています。

※1 「日本語指導が必要な児童生徒の受入状況等に関する調査(平成30年度)」(2020年1月)

・日本語指導が必要な児童・生徒のうち外国籍の児童・生徒数　40,755人

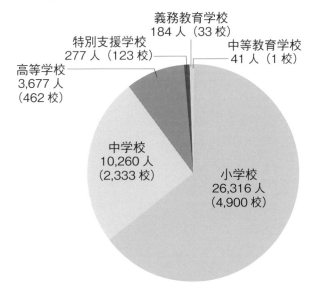

義務教育学校
184 人（33 校）

中等教育学校
41 人（1 校）

特別支援学校
277 人（123 校）

高等学校
3,677 人
（462 校）

中学校
10,260 人
（2,333 校）

小学校
26,316 人
（4,900 校）

・日本語指導が必要な児童・生徒のうち日本国籍の児童・生徒数　10,371人

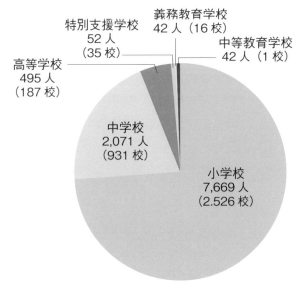

特別支援学校
52 人
（35 校）

義務教育学校
42 人（16 校）

中等教育学校
42 人（1 校）

高等学校
495 人
（187 校）

中学校
2,071 人
（931 校）

小学校
7,669 人
（2,526 校）

日本語指導が必要な小学生は外国籍と日本国籍を合わせると約３万４千人で、数字上は「全校に１〜２人」の割合ですが、実際は均等ではありません。都道府県や市町村、あるいは同じ市内でも学校の所在地によって当該児童・生徒の数には大きな偏りがあります。最も多いのは愛知県（外国籍890校9,100人、日本国籍393校2,176人）、次いで神奈川県です。

　外国籍の子どもたちの母語で最も多いのはポルトガル語、次いで中国語、フィリピノ語。ポルトガル語を母語とする児童・生徒は約４割が愛知県で、静岡県と合わせると54.8％になります。それほど難しくはないので、社会科（地理、公民）のものの見方・考え方を働かせて理由を考えてみてください。

　日本国籍の子どもたちの言語で最も多いのはフィリピノ語で、中国語、日本語、英語と続きます。

　現実の一端です。2021年度の全国学力・学習状況調査に、「あなたは、家でどれくらい日本語を話しますか」という質問がありました（児童・生徒質問紙）。「ときどき話す＋全く話さない」と回答したのは、小学校６年生は2.9％、中学校３年生は3.2％でした。

② きみたち自身がバイリンガルに

　日本語指導が必要な児童・生徒はこれほどたくさん在籍しています。では、実際の指導の状況はどうなのでしょう。

　日本語指導が必要な児童・生徒のうち、**日本語指導など特別な指導**を受けている子どもは外国籍の場合で79.5％。日本国籍の場合は74.4％。そのうち、特別の教育課程による日本語指導を受けているのは外国籍60.8％（必要な子どもの50％程度）、日本国籍57.3％（同40％程度）。外国籍では20％、日本国籍では25％の児童・生徒が、「先生の言っていること（授業）がわからない」という"困り感"を抱えたままで授業を受けています。

　「なぜ特別の教育課程を実施していないのか」の一番の理由には「日本語と教科の統合的指導を行う担当教員がいない」があげられています。

　都道府県や市町村では「担当教員（常駐）の配置」「児童生徒の母語を話せる支援員の派遣」「日本語指導の支援員の派遣」などを実施していますが、追いついてはいません。たとえば学校に10人など一定数の児童・生徒が在籍していれば、対応（公的支援）は優先されますが、1人や2人だと学校の自助努力に任されます。公立学校の現状を見れば、「現場で対応してください」というのは無理な要求です。

　さらに、子どもは生活言語なら話せるようになっても、保護者が母国語しか話せなくて教師とのコミュニケーションがうまくとれないなどの問題も起きます。何か国語もの「学校だより」を作成している学校もあります（公的な支援が行き届いている学校です）。

　発達障害の場合もそうでした。実態が把握されたのが2002年。法整備がされ、特別支援教育元年と呼ばれたのが2007年度。現実と環境整備には常にタイムラグがあります。

　日本語指導の教師を増やすのが困難なら（児童・生徒数をもとに教員定数は国が定めています。研究校など特別な理由があれば教員は"加配"されます。また、市町村が自前の予算から加配する場合もあります）、バイリンガルの学生を教員に採用するなど、先を見通した対策が必要ですが（これも小学校から外国語を学ぶ意義）、残念ながらそうなっていないのが現実です。これから大学で学ぶことのできるきみたちは、英語でも中国語でもいいので、この現実に備えておいてください。やっておいたほうがよいことはたくさんあります。

　きみたちが教師になったときには、子どもたちと協力して、困っている子どもたちに言葉や学習のフォローをしてあげてください。せっかくの主体的・対話的で深い学びです。実際に、グループによる話し合いの場面ではそういう光景も見られます。学級には"いろいろな子がいる"ことは、すでに子どもたちには当たり前になっていると思います。これもまた、**インクルーシブ教育**です。

➡ 世の中の課題を解決するために

■ 学校を卒業した後に必要な資質・能力

　学習指導要領が「資質・能力の三つの柱」(→19ページ)として示した資質・能力とは別に、総則には二つの「資質・能力」が書かれていました[1]。具体的にカリキュラムをデザインして「○○教育」として実施するものです。ここではそれを見ておきます。

> **資 料**
>
> **第2 教育課程の編成**
> **「2 教科等横断的な視点に立った資質・能力の育成」より**
>
> (1)　各学校においては、児童(生徒)の発達の段階を考慮し、**言語能力、情報活用能力(情報モラルを含む。)、問題発見・解決能力等の学習の基盤となる資質・能力**を育成していくことができるよう、各教科等の特質を生かし、教科等横断的な視点から教育課程の編成を図るものとする。

　この資質・能力は、どの教科でも必要であり、学校を卒業してどんな仕事に就いても必要な力となるので、**汎用的な能力**ととらえてください。

> (2)　各学校においては、児童(生徒)や学校、地域の実態及び児童(生徒)発達の段階を考慮し、**豊かな人生の実現や災害等を乗り越えて次代の社会を形成することに向けた現代的な諸課題に対応して求められる資質・能力**を、教科等横断的な視点で育成していくことができるよう、各学校の特色を生かした教育課程の編成を図るものとする。

　(2)は、環境教育など、複数の教科を組み合わせた「○○**教育**」と呼ばれて

※1 「【総則編】小学校学習指導要領(平成29年告示)」(2017年7月)

いるものです。総則には具体的には書かれていませんが、Chapter 3のカリキュラム・マネジメントの説明で具体例を取り上げました。

この資質・能力のうち、小学校では、情報活用能力の一環として**プログラミング学習**を実施することが"必修"となりました。

また、中学校では、**「がん教育」**が"必修"になりました。それは保健体育の保健分野の「3　内容の取扱い(3)」に書かれた、「また、がんについても取り扱うものとする。」という1文によるものです。

学習指導要領の各教科等の内容を丹念に読んでいくと、求められているジャンルはたくさんあります。1コマの授業ではカバーしきれないような内容もあります。がんについても保健分野の授業を1コマ行えば"必修"したことになりますが、教師としては「もっと子どもたちに伝えたい内容がある」と、もう少し掘り下げたくなるものです。

子どもたちの成長や将来にとってはどれも大切ですが、求められているジャンルのすべてを実施するわけにはいかないので、学校や子どもたちの実情を考えて、教科横断的にカリキュラムをデザインして、必要なものに取り組むことになります。

「カリキュラムを工夫して授業をしてほしいな」という願望をこめて、大事だと思えるものを二つあげます。

② 性教育をセクシュアリティという概念でとらえる
●学校における性教育

あえて選びました。学校での性教育については誤解が多く、そのため大切なことであるにもかかわらず、教師たちは取り上げるのを躊躇しがちです。

2018年3月のことです。東京都内の公立中学校で行われた性教育が都議会で批判的に取り上げられ、話題になりました。

対象は3年生で、「自分の性行動を考える」というテーマで、性行為に伴う妊娠や避妊の方法、人工妊娠中絶が可能な時期などを説明。コンドーム

着用のコツや、緊急避妊薬の購入先などを書いたプリントも配付されました。都議会はこれを「発達段階を無視」した「不適切な性教育」であると問題視しました。一方で、若年層の望まない妊娠などの問題が起こっている現実もあります。

　学校や教師の判断は、一方的に「不適切」と批判されるべきものではありませんが、こうした内容を扱うことが学校における典型的な性教育ではありません。

　「学校における性教育」には二つの大事な視点があります。

　ひとつは、「教師は、思春期の子ども、子どもから大人へ成長していく過程の子どもたちと、日々、向き合っている。性の成熟期を迎えている子どもたちと一緒に生活している」という現実があります。子どもたちは人として成長する過程で、性的特徴を伴う成長発達を遂げていきます。教師はそれを自覚して、学校における性教育を考えようという視点です。

　もうひとつは、「セックスとセクシュアリティの区別をしっかり押さえて、学校における性教育では、性をセクシュアリティという概念でとらえる」という視点です。

　それぞれの言葉を定義します。
・SEX＝男と女、雄と雌の区別、性行為。
・SEXUALITY＝性的行為だけでなく、広く人間の性にかかわる活動全般を表す概念。

　セクシュアリティとはアメリカの全米性情報教育協会（SIECUS[※1]）の創始者L.A.カーケンダールが示した概念で、「人格と人格のふれあいのすべてを包含するような幅広い性概念で、人間の体の一部としての性器や性行動のほか、他人との人間的なつながりや愛情、友情、融和感、思いやり、包容力などのおよそ人間関係における社会的、心理的側面やその背景にある生育環境などもすべて含まれる」というものです[※2]。

　この考え方は、生命尊重、人間尊重、男女平等など性教育の大きな理念

※1 SIECUS：Sexuality Information and Education Council of the United States
※2 「第48回全国性教育研究大会」より（2018年8月）

のもとになっています。この視点に立つなら性教育を批判される心配は
ありませんし、成長期の子どもたちと接する教師としては、むしろ積極的
に扱わなければならない課題です。

●学習指導要領の範囲内でも十分に実施可能

セクシュアリティの概念をもとにすると、性教育にかかわる範囲は「**自
己肯定感**(まず自分自身を大事にするところから始まる)」「**心身の発育・発
達**(最も急激に変化する時期)」「**感染症予防**(中学校ではエイズも扱う)」
「**男女平等**(日本における意識は先進国の中でもかなり低い)」「**LGBT**(当
事者は身近にいる)」など多岐にわたります。

近年は「(性犯罪・性暴力から身を守るための)**生命の安全教育**(デート
DVやセクシャルハラスメント、SNSを通じた被害など)」も、性教育とし
て学校で扱われます。

文部科学省では、幼児期から高校以上を対象とした「生命の安全教育」
の教材や指導の手引きなどを公開しているので、ウェブサイトで実際に
確認してみてください。たとえば、小学校(低・中学年)の教材には、自分の
体を触られて「いやなきもち」になったらどうすればよいかを教えるため
の資料やワークシートが含まれています。これらの教材は、各学校の判断
で体育科や保健体育科はもちろん、それ以外にも教育課程内外のさまざ
まな活動を通じて活用することが想定されています。

【課題】にはしませんが、きみたちが学級担任として性教育を行う場合、
大事な視点を考えてみてください。

まず、教科や学年の区切りは、カリキュラムをデザインすることで乗り
越えます。道徳や特別活動、理科、家庭科などの関連単元が活用できます。
性をセクシュアリティととらえれば、特別活動(行事等)も学びの機会に
なります。各教科等を丹念に見ていくと、関連づけられる内容はたくさん
あります(特に中学校)。学習指導要領の範囲内でもかなり充実した性教
育が可能です。

特に保健に関する内容(性徴や疾病)は、保健体育科の教師や養護教諭

に任せがちです。専門知識・情報も必要なので、それは仕方ありません。でも、成長期の子どもたちと"日々、向き合っている"のは学級担任です。養護教諭に任せきりにせず、担任もかかわってください。

　内容によっては「"異性"の先生には相談しにくい」という子も出てきます。そういう配慮も必要です。

　学校でも、どう扱っていいかわからないと手探り状態のセクシャルマイノリティに関する教育。LGBTなどのセクシャルマイノリティに関する事柄を授業で扱うには、授業以前に、教師自身の正しい知識や考え方が他の課題以上に問われます。ひとつ言われているのは、「自分はそうではないか」と思っている子どもが、一番相談しにくいのは"自分の親"なのだそうです。だからといって、友達やネットが"相談相手"になるのではなく（誤った知識や対応になりがち）、教師が相談相手になれるよう、日ごろから信頼関係を築いておいてください（必要なら、守秘義務を守りつつ教師が専門家・専門機関につなげます）。

　なお、LGBTなどの多様な性のあり方については、多様性を認め合うことをねらいとした人権教育の一環として位置づけると、唐突感がなく扱うことができます。小・中学校にそういう授業例もあります。

　思春期の真っただ中にいる子どもたちは、わけのわからないイライラに、時に自分でも手がつけられず、荒れて苦しんでいます。思春期を経験し、無事に通過した大人として寄り添ってあげてください。

3 民主主義のルールを身につける
●学校における主権者教育

　きみたちのなかには、すでに選挙権を持っている人がいます。2021年の総選挙（衆議院議員選挙）では、それをちゃんと行使しましたか？

　国や暮らしている市町村の未来は、若い世代こそが切り拓いていくべきものです。そして投票行動は、自分たちが生きていく社会の未来の形を描く手段のひとつになります。

　若い層の意思を社会の運営に反映させようと、2015年6月に公職選挙法を一部改正、選挙権年齢が「満18歳」に引き下げられました(2016年6月19日施行)。きみたちは重要な権利を得たのです。

　その権利を十分に生かしてもらうために、同時期から主権者教育が推進されるようになりました。

　文部科学省が「主権者教育の推進に関する検討チーム」を設置したのが2015年11月。

　その基本的な考え方は「主権者教育の目的を、単に政治の仕組みについて必要な知識を習得させるのみならず、主権者として社会の中で自立し、他者と連携・協働しながら、社会を生き抜く力や地域の課題解決を社会の構成員の一員として主体的に担う力を、発達段階に応じ、身に付けさせる」と設定されました(このころはまだ「身に付けさせる」です)[1]。

　学習指導要領総則には書かれませんでしたが、中央教育審議会の答申には、「現代的な諸課題に対応して求められる資質・能力」のひとつに「主権者として求められる力」が例示されました。

　さて、主権者教育を通して「発達段階に応じて、子どもたちに身につけてほしい力」とは具体的には何だと思いますか。一言で言えば、「民主主義のルール」だと思います。みんなが参加し、みんなで話し合って生活や学級のルールを決めていく。その範囲が市町村や国にまで広がっても、基本は同じです。

　こんな数字を紹介します。

　法改正によって新たに選挙権を得た若い層は、実際に主権者として行動できたのでしょうか。選挙権年齢の引き下げから間もない頃の国政選挙について、「18歳・19歳(10代)の投票率」を見てみると、2016年参議院選挙46.78％→2017年衆議院総選挙40.49％→2019年参議院選挙32.28％→2021年衆議院総選挙43.01％(国全体では順に54.70％→53.68％→48.80％→55.93％)でした[2][3]。たとえばOECD加盟国では、18〜24歳の投票率は国全体の投票率を上回る国がいくつもありますが、これが本来の有り様

※1 文部科学省ウェブサイト「『主権者教育の推進に関する検討チーム』最終まとめ〜主権者として求められる力を育むために〜」
※2 総務省ウェブサイト「国政選挙の年代別投票率の推移について」
※3 「第49回衆議院議員総選挙年齢別投票者数調(速報)」など総務省の発表より。2021年は速報値。

のはずです。総務省が危機感を持つのも理解できます。

　学校教育において確実に、具体的に主権者教育への取り組みを進めていくために、2018年には有識者からなる主権者教育推進会議が立ち上げられました（文部科学省）。

　その中間報告（2020年11月）では次のように述べられています※1。

> 　……投票という行為は主権者としての行動の一つであり、主権者教育の「出口」としての側面を有している。主権者教育を通した主権者として必要な資質・能力の育成が、今後の「投票率」のみならず、その質―「投票質」―の向上・深まりにもつながっていくことを期待するものである。

　では「出口」に対して「入口」は何でしょう。上の文章は次のように続いています。

　「これに対し、主権者教育の『入口』は社会の動きに関心を持つことにある」

　いきなり主権者教育と難しく考えず、子どもたちが「住んでいる地域の行事に参加」したり、総合的な学習の時間で「地域の課題を考える」ところから始めれば、取り組みのきっかけはつかめそうです。

　総務省と文部科学省が共同作成した「私たちが拓く日本の未来」という教材もあります。高校生向けの副教材と教員向け指導資料ですが、小・中学校でも対話的な学びや振り返りの質が上がっているので、十分に活用できるはずです（学習指導要領解説の付録にも主権者教育の関連単元の一覧が載っています）。

　「私たちが拓く日本の未来」にはこんな記述があります※2。

> 　今後の日本社会は、公共的課題の解決に向けて多様な価値観をもつ他者と議論しつつ協働する国家・社会の形成者、すなわち「民主主義の担い手」を要請しているのです。

※1「今後の主権者教育の推進に向けて（中間報告）」
※2「私たちが拓く日本の未来」

「政治のことは、政治に関心がある人に任せておけばいいよ」という問題ではありません。

日本国憲法の前文には「……ここに主権が国民に存することを宣言し……」とはっきり書かれています。主権者教育は「主権が国民に存する」とはどういうことなのかを子どもたちが本当に理解するための教育です。授業をしながら、教師自身も改めて考え、噛みしめてほしいです。

４ 情報活用能力を発揮して

現代的諸課題は、必ずしも教育現場から上がってきた課題ではなく、社会的な要請を反映して"どこかから"下りてきたものも多々あります。性教育において体の変化についてはもともと学校で扱われていましたが、「生命の安全教育」は社会的な要請になります。プログラミング教育や主権者教育もそうです。主権者教育は、選挙権を18歳に引き下げたものの、若年層の投票率が一向に上がらず、それに危機感を持った総務省が推進しています。

だから、教師の仕事が増えるのですが、一応の配慮はされていて、要請と同時にかなり充実した教材(児童・生徒用、教師用指導資料)が作成されて、文部科学省のウェブサイトに載っています。こういうものを活用すれば、全体像もつかみやすく、構想を含めた準備時間は大きく短縮できます。全くゼロから単元をつくり、授業の指導案を考えるのは簡単なことではありません。

教師は多忙です(Chapter 5)。きみたちが教師になってからの数年間は、そもそも未熟な教師なのですから、せっかく用意されている教材は大いに活用して、使いながらアレンジしていってください。それこそ、情報活用能力を発揮して、参考資料を見つけ出してください。どこかの誰かの優れた実践事例を探し出して、参考にしてください。それが子どもたちのためになります。教師として自分が成長する手助けもしてくれます。

2 学校種のつながり

➡ 幼保小の連携～幼児教育と学校教育の接続

■ すぐに小学校のやり方に慣れなさいと言われても

　幼稚園・保育園と小学校（以下、幼保小）の連携は、「**小1プロブレム**」という問題が全国各地で顕在化したことから（2000年ごろ）、その必要性が認識されるようになりました。

　「小1プロブレム」とは何か、おおまかに説明します。幼児教育と学校教育にはそれぞれ別の文化（子どもの成長をどう見るか、という子ども観の違い）があって、教育の考え方や習慣の違いがあります。その違いに、入学したばかりの子どもたちはスムーズに対応できないのですが、学校は"いますぐ"の適応を求めました。

　「1日の生活は時間割通りに行います」「もう小学生なのだから、授業中はちゃんと席について、先生の話を静かに聞きましょう」などの学校の求めに、45分間も席についていられずに立ち歩く子が続出し、それが**学級崩壊**につながるケースもありました。問題の顕在化には、保護者の考え方の変化も背景にありました。

　困った小学校の教師たちは、「園での子どもたちはどうだったのか」「何ができて、何はまだできないのか」という子どもたちの姿を幼稚園・保育園の保育者（幼稚園教諭、保育士）から聞いたり、活動を見学に行ったりしました。それが連携の始まりです。

　幼稚園・保育園と小学校の1日の活動がどう違うのか、思い出してみてください。園児たちは時間割など気にせず、さまざまな遊びを通して学び、成長してきました。急に、「もう1年生なのだから、学校のやり方に早く慣れなさい」と言われても、それは大人の都合であって、子どもたちには無理な話でした。

連携が始まったとはいえ、そこから先も、お互いを理解し合うには時間を要しました。変化が実感できるようになったのは、2010年ごろ、前回の学習指導要領の改訂（「連携や交流を図る」と明記されました）あたりからです。やはり、教育現場を大きく動かすには、学習指導要領という"国の指示"（ナショナルスタンダードの提示）が必要です。

② 子どもの育ちをきちんとつなげていこう

それでも、いわば「学ぶ子ども（新入生）の視点」は尊重されていたとは言えませんでした。でも、学習指導要領では、肝心なそのことも配慮され、総則には次のように書かれました[※1]。

資料

「第2節 教育課程の編成　4 学校段階等間の接続」より

教育課程の編成に当たっては、次の事項に配慮しながら、学校段階等間の接続を図るものとする。

(1) **幼児期の終わりまでに育ってほしい姿を踏まえた指導を工夫することにより、幼稚園教育要領等に基づく幼児期の教育を通して育まれた資質・能力を踏まえて教育活動を実施**し、児童が主体的に自己を発揮しながら学びに向かうことが可能となるようにすること。

……特に、小学校入学当初においては、**幼児期において自発的な活動としての遊びを通して育まれてきたことが、各教科等における学習に円滑に接続されるよう**、生活科を中心に、合科的・関連的な指導や弾力的な時間割の設定など、指導の工夫や指導計画の作成を行うこと。

2段落めの「幼児期において～円滑に接続されるよう」が1年生にとっての「学習者の視点」で、「生活科を中心に～作成を行うこと」が、**スタートカリキュラム**と呼ばれるものです。そして、保育者や教師が子どもたちにはぐくまれてきたこと（発達のようす）を見取る視点となるのが、「**幼児期の終わりまでに育ってほしい姿**」です。

※1 「【総則編】小学校学習指導要領（平成29年告示）」（2017年7月）

3 幼児期にはぐくみたい資質・能力

「幼児期の終わりまでに育ってほしい姿」から説明します。具体的に10の姿で表されているので、現場の実践者はこれを**"10の姿"**と呼んでいます。なお、"10の姿"は、幼稚園教育要領だけでなく、保育所保育指針、幼保連携型認定こども園教育・保育要領にも、全く同じ内容が明記されています。幼稚園（所管は文部科学省）と保育園（こちらは所管は厚生労働省）との足並みがそろったのも、ようやく2008（平成20）年の改訂（改定）からです。

幼稚園教育要領を例にとります。総則には、次のように書かれました[1]。

資料

「第2 幼稚園教育において育みたい資質・能力及び『幼児期の終わりまでに育ってほしい姿』」より

1　幼稚園においては、生きる力の基礎を育むため、この章の第1に示す幼稚園教育の基本を踏まえ、次に掲げる資質・能力を一体的に育むよう努めるものとする。
(1)豊かな体験を通じて、感じたり、気付いたり、分かったり、できるようになったりする「**知識及び技能の基礎**」
(2)気付いたことや、できるようになったことなどを使い、考えたり、試したり、工夫したり、表現したりする「**思考力、判断力、表現力等の基礎**」
(3)心情、意欲、態度が育つ中で、よりよい生活を営もうとする「**学びに向かう力、人間性等**」

幼児教育にも**資質・能力**が登場しました。とにかく、幼児教育と学校教育を資質・能力を通してつなげています。この点は徹底しています。

幼児教育ではこの資質・能力を「一体的に育む」わけですが、この表現は本書の他のChapterでも登場しました。記憶にありますか？

※1「幼稚園教育要領」（2017年3月）

４ 子どもの成長を見取る視点

では、**"10の姿"**について、幼稚園教育要領の記述をもとに説明します[※1]。

> 3 次に示す「幼児期の終わりまでに育ってほしい姿」は、第２章に示す
> ねらい及び内容に基づく活動全体を通して資質・能力が育まれてい
> る幼児の**幼稚園修了時の具体的な姿**であり、**教師が指導を行う際に**
> **考慮するもの**である。

　「幼児期の終わりまでに育ってほしい姿」とは、幼児教育を通して、子ど
もの成長はこんな姿となって表れるということです。もちろん、子どもに
はかなり個人差があるので、「卒園までに全員をこう育てなさい、こう育っ
ていますか」という評価規準ではなく、保育者が子どもの成長を見取る具
体的な視点として理解されています。それは、どんな姿でしょう。言葉の
説明もされていますが、ひとまず10個の項目をあげます。

幼児期の終わりまでに育ってほしい子どもの姿

(1)健康な心と体　　(2)自立心　　(3)協同性

(4)道徳性・規範意識の芽生え　　(5)社会生活との関わり

(6)思考力の芽生え　　(7)自然との関わり・生命尊重

(8)数量や図形、標識や文字などへの関心・感覚

(9)言葉による伝え合い　　(10)豊かな感性と表現

　(7)～(10)は子どもの姿をイメージできそうですが、具体的な姿が想像で
きない項目もあります。いくつかの説明を紹介します[※2]。

※1※2「幼稚園教育要領」(2017年３月)

(2)**自立心**　身近な環境に主体的に関わり様々な活動を楽しむ中で、しなければならないことを自覚し、自分の力で行うために考えたり、工夫したりしながら、諦めずにやり遂げることで達成感を味わい、自信をもって行動するようになる。

(3)**協同性**　友達と関わる中で、互いの思いや考えなどを共有し、共通の目的の実現に向けて、考えたり、工夫したり、協力したりし、充実感をもってやり遂げるようになる。

(4)**道徳性・規範意識の芽生え**　友達と様々な体験を重ねる中で、してよいことや悪いことが分かり、自分の行動を振り返ったり、友達の気持ちに共感したりし、相手の立場に立って行動するようになる。また、きまりを守る必要性が分かり、自分の気持ちを調整し、友達と折り合いを付けながら、きまりをつくったり、守ったりするようになる。

(6)の「思考力の芽生え」には、「……また、友達の様々な考えに触れる中で、自分と異なる考えがあることに気付き、自ら判断したり、考え直したりするなど、新しい考えを生み出す喜びを味わいながら、自分の考えをよりよいものにするようになる」と書かれています。幼いながら無意識のうちに**"深い学び"**を実現しています。

　無邪気に遊んでいる子どもたちの内面には、こんな力が隠れています。ただ、幼児期の子どもの発達には個人差が大きいことを、絶対に忘れないでください。卒園時に全員がこう育っているわけではありません。小学校入学後も、発達の早い友達に引っ張られたり、友達の真似をしたりしながら、どの子もだんだんこんな姿に成長していきます。それにしても、卒園間際の年長児はけっこう立派だと思いませんか？

　「幼稚園教育要領解説」には、どんな場面でどんな姿として表れてくるのか、具体的な事例が載っていますので、よかったら、大学入学後に読んでみてください。興味深く読めると思います。

スタートカリキュラム

こんな"立派な"子どもたちを赤ちゃん扱いしていた

　繰り返しになりますが、こんな"立派な"子どもたちが入学してきたのに、小学校では1年生の扱いを誤っていました。小学校は、子どもたちが未体験（まだできないこと）の「（大人が細かく決めた）時間割（スケジュール）に沿って、全員が時間内に行動すること」を求めました。その一方で、1年生を"（何もできない）赤ちゃん扱い"したのです。5年生、6年生を見てきた小学校の教師には、1年生が"赤ちゃん"のように思えたのかもしれません。

　この当時、小学校の教師は子どもたちを「"白紙"で受け取ります」と言っていました。幼児教育で"入学準備教育（ひらがなや数字の学習、ちゃんと座って先生の話を静かに聞けるなど）"をしてこなくてもいいという意味でしたが、"10の姿"にあるように、1年生は白紙どころではなく、自分のことは自分でできて、友達と協力もできて、問題解決もできる、しっかりした子どもたちでした。

　「小1プロブレム」は、できることを尊重してくれなかったことへの、子どもたちの反発という側面もありました。

　この反省に立って考えられ、2010年ごろから実施されるようになったのが**スタートカリキュラム**です（スタカリと略します。接続期カリキュラムともいいます）。スタカリとは、子どもたちが学校という新しい環境に緩やかに慣れていくための教育課程です。狭い意味では、入学式からGW明け後1週間くらいまで（およそ1か月間）を想定しています。

　ちなみにスタカリは、「資質・能力」が登場する前から、子どもの育ちや学びを小学校に円滑につなごうという考え方に基づいて生まれました。今回の学習指導要領によって、必要性がさらに明確にされました。

➡ なかよし・わくわく・ぐんぐん

　スタカリの基本は「安全・安心・仲間づくり」です。中心になる教科は生活科。生活科で育てる資質・能力（目標）及び、内容の最初には次のことが書かれています[※1]。

資　料

> 「第5節 生活　第1 目標」
>
> ⑴活動や体験の過程において、自分自身、身近な人々、社会及び自然の特徴やよさ、それらの関わり等に気付くとともに、生活上必要な習慣や技能を身に付けるようにする。
> ⑵身近な人々、社会及び自然を自分との関わりで捉え、自分自身や自分の生活について考え、表現することができるようにする。
> ⑶身近な人々、社会及び自然に自ら働きかけ、意欲や自信をもって学んだり生活を豊かにしたりしようとする態度を養う。
>
> 「第5節 生活　第2 各学年の目標及び内容〔第1学年及び第2学年〕2 内容」より
>
> ⑴学校生活に関わる活動を通して、学校の施設の様子や学校生活を支えている人々や友達、通学路の様子やその安全を守っている人々などについて考えることができ、学校での生活は様々な人や施設と関わっていることが分かり、**楽しく安心して遊びや生活をしたり、安全な登下校をしたりしようとする。**

　これ（特に施設や学校生活を支える人々への関心）を具体化するのが**「学校たんけん」**で、どこの学校でも、1年生の学校生活はここからスタートします。スタカリも「学校たんけん」が軸になります。

　スタカリのモデル的な時間割を紹介します。先進的に取り組んできた横浜市の小学校の例です[※2]。文部科学省から出されたモデルもほぼこういう形になっています。

※1「小学校学習指導要領（平成29年告示）」（2017年3月）
※2「横浜版接続期カリキュラム 第5章『スタートカリキュラム』」（2018年3月）

	4月第1週	4月第2週	4月第3週	4月第4週	5月以降
朝の時間	なかよしタイム	なかよしタイム	なかよしタイム	なかよしタイム	なかよしタイム
1校時					わくわくタイム
2校時	わくわくタイム	わくわくタイム	わくわくタイム	わくわくタイム	
3校時					
4校時	ぐんぐんタイム	ぐんぐんタイム	ぐんぐんタイム	ぐんぐんタイム	ぐんぐんタイム
5校時					

3つの学びの時間帯　配分例

　時間割は、大きく「**なかよしタイム**」「**わくわくタイム**」「**ぐんぐんタイム**」の３要素で構成されています。時間配分は、その日の子どもたちのようすを見ながら柔軟に変えていきます。名称は先進的に取り組んだ学校がつくったものですが、いまは全国的に普通に使われています。１年生のようすがよく表されたネーミングだと思います。

　「なかよしタイム」では、歌やダンスやリズム体操、かるた、読み聞かせなど、主に子どもたちが園で経験してきた活動を行います。そのために小学校の教師たちは、事前に複数の園にリサーチして、子どもたちが共通してよく知っている歌やダンス、好きなゲームや本、キャラクターなどを把握しておきます。連携はここまで進みました。

　学校でも自分たちが慣れ親しんできた活動が行われることで、子どもたちは安心します。「できる。学校でもやっていける」と自信を持ち、自己を発揮できます。そして、遊びを通して新たな人間関係を築いていきます。１日のウォームアップであり、安心と仲間づくりのための時間です。

　大都市圏だけでなく、地方都市でも、小学校には20を超える園から入学してきます。通っていた園が同じ子がおらず、友達がいない子もいます。「なかよしタイム」は本当に重要です。

➡ 体験しながら必要な知識を身につけていく

　「わくわくタイム」は、ほぼ「学校たんけん」です。ここには大切な要素がたくさん含まれています。どんなことか、内容（→134ページ）を参考にして少し考えてみてください。

　校長室、職員室、保健室、給食室、図書室、体育館、理科室、音楽室、他の学年の教室、階段、屋上……。学校は、園とは比べ物にならないくらい大きくて、謎の部屋もたくさんあります。ここは何？　何するところ？　と、まさにたんけんです。

　一般的には、「学校たんけん」の最初の１、２回は担任が引率して、職員室、保健室、図書室、給食室など、子どもに必要性の高い場所を見学に行きます。その後は、新たな友達数人で自由にたんけんさせます。

　教室に戻ると、発見した場所や人を「発見カード」に記入（文字や絵）。発見した情報を交換する時間を設け、子どもたちに「あ、明日はそこに行ってみたい」と期待を持たせます。

　幼児期には、子どもたちは遊びを通して学んできました。"10の姿"はその成果です。園で保育者が徹底指導した結果ではありません。だから、「学校たんけん」というダイナミックな遊び（たんけんごっこ）からも、ちゃんと学びます。

　たとえば、屋上に出るドアには鍵がかかっていますが、子どもたちはドアの向こう側に興味を持ちます。そこで、子ども同士で相談します。誰が鍵を持っているのだろう。誰に頼めば開けてもらえるのだろう。そういえば、職員室にいっぱい鍵があった。校長先生に頼んでみようか。みんなの経験や知恵を出し合って、主体的に対話的な学びができます。問題解決的な学びもできます（"10の姿"を参照してください）。

　未知の場所への興味がひと段落すると、今度はそこで働く養護教諭や専科教師や調理員、技術員など、担任以外の大人に「何をする人？」と興味を持ちます。「学校たんけん」には生活科の趣旨がよく表れています。

　「ぐんぐんタイム」は教科学習です。１年生だと生活科の他は国語、算数、体育、音楽、図工、道徳、特別活動なので、カリキュラムのデザインも、そう複雑にはなりません。「なかよしタイム」も音楽や図工などとの合科（生活科＋音楽など）になります。教科の学習も「学校たんけん」や遊びと関連づけて進められます。

　「学校たんけん」に出かけるときは、「廊下を走らない」「大きな声を出さない」など、最小限の注意だけをします。そして、いきなり職員室のドアを開けてしまって注意されたりとか、ちょっとした失敗を経験した後に、国語の「こんなときどうする？」で、入室の際のノックとかあいさつの仕方を学びます。経験しながら、必要な知識を身につけていきます。

　算数の「数（10のまとまり）」は、ボウリングゲームや「じゃんけん列車」など、実際の場面と関連づけて学びます。幼児教育的活動に少しずつ学びの要素（算数や国語の見方・考え方）を加えていき、子どもたちが発揮する10の力（ここでは8の数量などへの関心）を教科につなげていきます。

　子どもたちを急かさずに、幼児教育から学校教育への移行を緩やかに行うのがスタカリの役割です。これを見て「甘やかしすぎ」という批判的な見方もあります。でも、これから６年、３年……と続く長い学校生活の始まりです。最初の１か月程度、子どもたちがゆっくりと、安心して、自信を持って学校生活をスタートすることで、その後に何か支障が出るでしょうか。

　むしろ、この期間に人間関係をつくり、問題解決的な学習ができるようになれば、その先へのつながりはもっとスムーズになります。たった１か月ですが、かなり重要な期間です。

スタカリを、別の側面からも見ますが、これは【課題】にします。

📖 小論文・面接ではこう問われる！

課題 幼稚園・保育園と小学校の接続をするスタートカリキュラムを実施している期間、担任教師はどのようなことを心がけたらいいと考えますか。

💡 考えるヒント

　幼保小の連携について、小論文で出題されることがあります。連携における課題を問われたり、幼保小や小中の連携において教師にとって重要なことは何かと問われたりします。

　まず、"10の姿"(→131ページ)を子どもたちを見取る視点にします。「(この項目は)こんなふうに表れるんだ」と、子どもの行動や子ども同士のかかわりをとおして確認してください。

　スタカリの間の担任の態度のうち、最も重要なのが「待つ」ことです。1日に5、6教科の授業をしなければならない小学校の教師は、待つことが苦手です(ALのおかげで、子どもたちが対話して結論を出すまで、少し待てるようになりました)。子どもたちは、教材を道具箱にしまうとか、体操着に着替えるとか、たいていのことは自分でできます。ただし、早い遅いの個人差はあって、できるけれど時間がかかる子はいます。

　ここが問題で、クラスの7、8割くらいの子どもが完了すると、教師はそこで待てなくなって手伝ったり、代わりにやってしまったりします。これは子どもの自信をくじきます。できるまで、少しの間待

つことは(ほんの数分です)、子どもを尊重することになります。やがて、あまり時間がかかるようだと、他の子どもたちが手伝い始めます。それは教師が手を出すより好ましい光景です。

前年度に高学年の担任だった教師は、1年生が本当に何もできない子に見えて、子どもへの敬意を欠いてしまい(手伝ったり、叱ったり)、これが学級崩壊の誘因になります。現実に起こっていた話です。

活動をスムーズに進行させることではなく、待ちながら子どもたち一人ひとりをよく観察すること(できること、また十分ではないこと、子ども同士の協働のようすなど)が、スタカリでの担任の大事な役割になります。

スタカリは、子どもたちのようすをよく見ながら柔軟に運営します。全体にテンションが低い日は、「なかよしタイム」ではダンスがいいのか、読み聞かせから始めたほうがいいのか判断します。

勉強したがっているときは(実際にそういう日があります)、「なかよしタイム」は短縮して教科の学習を増やします。時間割(スケジュール)に子どもを合わせようとせず、子どもに時間割を合わせるのです。これも「学習者の視点に立つ」ことで、この経験は他学年を受け持った時にも役に立ちます。

わずか1か月ほどですが、学校という新しい環境で安心して、自信を持ってすごせるようになれば、子どもたちは日に日に小学生らしくなっていきます(本当です!)。教師はこんな子どもたちの姿を見逃してはなりません。

そして、子どもを急かすことなく、教師自身もあせることなく、子どもたちが幼児教育で培ってきた資質・能力を確実に受け止め、小学校教育につなげていきます。

スタカリは、1年生の学級担任にとっても、子どもたちと素敵な学級をつくっていくための時間になります。

4 小中連携、小中一貫教育

➡ 中1ギャップの緩和を意識

　小学校と中学校との接続にも問題がありました。「**中1ギャップ**」と呼ばれるものです。だいぶ緩和されましたが(この言葉もほとんど聞かなくなりました)、いまも中学校入学後、1年生の不登校が急増するなど(→108ページ)、課題は残っています。

　小学校と中学校では、何がどう違うか、きみたちの経験した"ギャップ"を思い出してみてください。

　中学校には複数の小学校が合流します。小学6年生ともなると百人百様で、入学後の人間関係の複雑さは小学校とは比較になりません。

　しかも、中学校は教科担任制です。小学校では学級担任制のもとで、教師と子どもたち同士はある種家族のような関係を築いていました。しかし、中学校では、日々複数の教師とかかわり、担任教師の目が行き届かない場面もでてきます。

　学ぶ内容も多くなり、授業の進行のスピードも速くなります。「授業についていけない」ことも不登校の大きな原因になっています。

　部活動のカチッとした縦の人間関係も、小学校ではあまり経験していません。しかも思春期で、体の変化も大きく、ただでさえ精神的に不安定になりがちです。「中1ギャップ」にはいろいろな要件が複雑にからみ合っています。

　だから、小中連携には、小学校から中学校へのギャップの緩和が意識されました。

　たとえば、中学校教師による6年生への"出前授業"。6年生の中学校への体験入学(授業)・体験入部(部活動)。中学校生徒会による6年生への学校説明会。このくらいはきみたちも経験があると思います。

　いまはもう少し進んで、いわゆる「学習規律」を中学校区内の小中で統一して生徒指導などに一貫性を持たせたり、児童会・生徒会活動を合同で行ったり（いじめをなくす活動やあいさつ運動など）しています。教師同士が相互に授業を参観して、合同の研修会を行うこともあります。

　こうしたこともきみたちは経験しているかもしれませんが、中学校入学への不安は解消されたでしょうか。

➡ 小中一貫校の誕生

　小学校と中学校とのギャップを一気になくしたのが、東京都品川区の取り組みです。

　学校選択制という公立学校における画期的な取り組みを打ち出した品川区が行ったのが**小中一貫教育**で、具体的な形として2006年に「品川区立小中一貫校日野学園」が開校しました。開校と言っても、全く新設の「日野学園」が創設されたのではなく、区立第二日野小学校と区立日野中学校をひとつの校舎の中で"一体化"したものでした。現在は義務教育学校が制度化されて、「品川区立日野学園」（2016年度より）となっています。

　いくつか説明が必要でしょう。

　義務教育学校というのは、9年制の小中一貫校です。小学校・中学校・高等学校・中等教育学校（6年制の中高一貫校）・特別支援学校という学校種に、正式に加えられました（2016年度）。それまでは、校門には日野学園の名称とともに小学校、中学校それぞれの校名が併記されていました。

　小中一貫校になった当時は、"ひとつの学校"ではなく、"小中連携の理想的な形の具現化"というニュアンスでした。

　「中1ギャップ」が全国的な問題となり、小中連携の大切さは認識されていました。そのため、品川区のチャレンジングな取り組みをきっかけに小中の連携、連続性を持たせた一貫教育は各地に広がっていきました。

　ただ、同じ校舎に同居するとなると、財政や校区（中学校1校と複数の

小学校で中学校区を形成している場合が多いので)などの問題があって、どこでも可能というわけにはいきません。そこで、必ずしも同じ校舎でなくても接続を明確に意識していこうという意味で、日野学園のような「施設一体型」だけでなく、「施設隣接型」(隣接する小中)や、「施設分離型」(小中が離れた場所にある)の小中一貫校も誕生しました。中学校1校に小学校複数校で"学園"を形成している学校もたくさんあります。

きみたちの中にも義務教育学校などの出身者もいることと思います。

一貫校とか一貫教育と呼ぶかどうかは別として、小中の連携は各地の教育委員会・学校で取り組まれています。学習指導要領で学校種間のつながりが明記されたのですから、当たり前の取り組みになっています。

➡ 完全な9年制ではないけれど

日野学園の取り組みを紹介しておきます。

小中一貫校時代から、学年の区切りを6・3ではなく4・3・2としてきました。学年の名称も中1にあたる学年は7年生。制服も1〜4年生と5〜9年生ではデザインを変えています。子どもの発達を考えてこういう区切りにしたそうです。

そして、この区切りを重視して、たとえば校内の活動では6・7年生を"セット"にして、7年生単独の活動は原則として行わないとか(中学校の部活動の外部の競技会には7〜9年生が参加)、4年生を意識的に1〜4年生のリーダーとして育てるなどの考え方に基づいて教育活動を行っています。

この区切りや考え方が正しいとか合理的だというわけではなく、6・3制が当たり前だと考えられてきた学校教育の考え方において斬新な発想でした。他の一貫校では「5・4」とか「6・3」のままとか、それぞれの考え方に基づいて運営を行っています。区切りの意味やメリットは、きみたちも考えてみてください。

「中1ギャップ」について言えば、段差のある小6→中1ではなく、つながりをもった6年生・7年生となっており、自然に解消されたことは言うまでもありません。

もちろん、9年間を通して系統だった教育課程が実施されています。資質・能力の育成にも途切れることなく取り組むことができます(学習指導要領上は小学校と中学校なので、学校独自に教科ごとに系統立ったカリキュラムをデザインする必要があります)。

施設隣接型、施設分離型の学校でも、可能な範囲でこうした取り組みは行われています。

ただ、公立校の場合は9年制といっても、"小学校(前期課程)卒業時""中学校(後期課程)入学時"に児童・生徒の転出入があります。東京都の場合だと、私立中学校への入学者が毎年、一定数あります。義務教育学校が制度化されてからも同様です。

せっかくだから完全な9年制にして子どもたちをじっくり育てたいものですが、一方で、9年間、人間関係が固定化してしまうことへの懸念もあります。歴史の浅い制度なので、どちらがいいのかわかりません。でも、学校のリーダーとしての9年生の成長など、"9年制"だからこそ可能になることは確実にあります。

もしきみたちが小中両方の教員免許を取るのなら、義務教育学校にもチャレンジしてみてください。「自分なら9年間で……」と空想するだけでも楽しくないですか?

資 料

【参考】 令和2年度の義務教育学校の数[1]

・126校(前年比32校増)
(国立4校(1校増)・公立121校(30校増)・私立1校(1校増))

※1 文部科学省「学校基本調査」(2020年12月)

5 教師としての向上

➡ 教師も資質・能力の向上を図る

■1 教員としての資質の向上に関する指標

　教師は免許を与えられた高度専門職として、その職にある限り、自らを高め、学び続けていかなければなりません。近年では学校教育に関する変化は、大きく、速くなっているので、ますますその姿勢が求められます。

　教師の成長や向上の具体的な目安になるのが、「**教員としての資質の向上に関する指標**」です。都道府県・政令指定都市教育委員会単位で、キャリアステージごとにまとめられています。いわば、「キャリア□年目の終わりまでに育ってほしい教師の姿」です。

　全国で指標が整備されることになった詳しい経緯は省略しますが、簡単に言えば、文部科学大臣諮問→中央教育審議会答申→法整備（一部改正）→指標・研修計画作成の義務化という流れです。学習指導要領改訂をはじめ、重要な教育行政はこのような手続きで進められるので、大臣諮問（あるいは審議のまとめ）を見ておけば、何年か後にはどういう方向に動いていくのかが予想できます（Chapter 5で例を紹介します）。

　指標に関しては、作成が義務化されたのは2017（平成29）年度からです。何かピンときましたか？　これは学習指導要領改訂と同時進行でした。子どもたちだけでなく、教師も資質・能力を向上させていこうというメッセージです。

　教師にとって指標は、「職責、経験、長所や個性に応じてより高度な段階を目指すための手掛かり」「研修等を通じ、自らを省察しながら資質向上を図る際の目安」（福島県版より）[1]であり、「教員のみなさんが、どのような資質・能力を身につけ、どのような姿を思い描いてキャリアを積んでいけばよいのかを指し示す羅針盤」（愛知県版より）[2]となります。10年後に

※1 福島県教育委員会ウェブサイト「福島県版■校長及び教員としての資質の向上に関する指標について」
※2 愛知県ウェブサイト「教員の資質向上に関する指標（事務局案）」

自分はこうなっていたいという具体的な目標がないと、努力は継続できません。

　この後は、文部科学省が作成した指針と各地の指標を少し見ていきます。教師になった自分の姿をイメージしてください。

２ これが教師の仕事、求められている力

　指針（文部科学省）には、**教師に求められる数々の資質**が"網羅"されています。指針なので、指標を定める際の観点として"たとえばこういうこと"と、考えられるだけあげられています[※1]。各地の指標にそれらすべてが反映されているわけではありませんが、それにしてもかなりの数です。

● 「教員等として備えていることが期待されている」「今後、身に付けることが期待されている」とされるもの
  ・社会人としての基本的な素養
  ・各種法令の遵守及び服務規律の徹底
  ・確固たる倫理観　・使命感　・責任感
  ・教育的愛情　・教科や教職に関する専門的知識　・実践的指導力
  ・総合的な人間性　・コミュニケーション力
  ・自律的に学び続ける意識や姿勢　・探究心
  ・時代の変化や自らの職責、経験及び適性に応じて求められる資質能力を生涯にわたって高めていくことのできる力
  ・情報を適切に収集・選択・活用し、知識を有機的に結び付け構造化する力
● 「近年の学校を取り巻く状況の変化を踏まえて教師にはこういうことへの対応が求められる」とされるもの
  ・いじめ・不登校などの生徒指導上の課題への対応や貧困・虐待などの課題を抱えた家庭の児童生徒等への対応
  ・インクルーシブ教育システムの理念を踏まえた発達障害を有する児童生徒等を含む特別な支援を必要とする児童生徒等への対応
  ・外国人児童生徒等への対応
  ・主体的・対話的で深い学びの実現（に向けた授業改善）

※1 「公立の小学校等の校長及び教員としての資質の向上に関する指標の策定に関する指針」（2017年3月）

- 小学校における外国語教育の早期化・教科化
- ICT(情報機器、教材)の活用
- 進路指導及びキャリア教育への対応　　　・学校安全への対応
- 幼小接続、小中一貫教育及び中高一貫教育等の学校段階間接続等
  への対応
- 保護者や地域との協力関係の構築
- ●チーム学校の一員として求められるもの
- チームとして連携し協働して諸課題に対応する
- 多様な専門性をもつ人材と効果的に連携し校務を分担する
- 保護者や地域住民の力を学校運営に生かす
- 他者との協働を通じて学校組織全体の改善を図る

　これを見て、率直にどう思いましたか?

　「各種法令及び服務規律の遵守」や「確固たる倫理観」などは"身についていて当たり前"です。他の多くは仕事を通して(20〜30年かけて)身につけ、向上させていくものです。指針に書かれていることは、いま、これができなければ教師になれないということではありませんが、「教師とは、こうしたことが求められている仕事なのだ」と理解しておいてください。

　余談です。本書をここまで読んでいただいて、"てんこ盛り""お腹いっぱい"感があったのではないでしょうか(と心配しています)。でも、ここに書かれているように、これが現実に教師の仕事なのです。

③ 教師を目指す人に求められる姿

　こう示された教師に求められる資質を、キャリアステージの中でどう身につけていくのか。指針では「教員等の成長段階に応じた資質向上の目安となる複数の段階を設けること」とされていて、各地の指標ではそれを何段階かに分けて整理しています(ステージ区分)。

　たとえば福島県版では、以下のようになっています※1。

※1 福島県教育委員会ウェブサイト「福島県版■校長及び教員としての資質の向上に関する指標について」

ステージ0	ステージ1	ステージ2	ステージ3	ステージ4	ステージ5
福島県が求める着任時の姿。	【基礎形成期】概ね1〜5年め	【資質成長期】概ね6〜10年め	【資質充実期】概ね11年め〜	【深化発展期Ⅰ】熟練した教員	【深化発展期Ⅱ】管理職

　管理職は、教師として積み重ねたキャリアの最終段階に位置づけられています。

　他の都道府県・指定都市版も、ステージの名称は違っても、区分はほとんど同じです。きみたちが、ひとまず意識しておきたいのは、S(ステージ)-0とS-1です。S-0は、採用試験時の評価の観点になるかもしれません。S-1は教師を目指すきみたちに求められる"覚悟"と言えるでしょう。

　資質の選び方は各地それぞれに特徴がありますが、共通しているものをいくつか取り上げてみます。そのまま福島県を例にします。S-0ではこのようなことが求められています[※1]

資　料

- 「使命感・情熱・向上心」＝児童生徒に対する人権意識を持ち、愛情を持って接することができる。
- 「授業構想」＝学習指導要領に記載されている教科等の目標や内容、授業の基本的な流れ等を**概ね理解している**。
- 「児童生徒理解」＝他者の個性・特性や人格を尊重する態度を身に付けている。
- 「望ましい集団づくり」＝集団活動を通して、**児童生徒の人間性や社会性が育まれることを理解している**。
- 「同僚性の構築」＝適切なコミュニケーションを図りながら、**集団の中で協働的に行動する**ことができる。

　教師を志望するきみたちにはそれほど高いハードルではなさそうですが、どう思いますか。

※1 福島県教育委員会ウェブサイト「福島県版■校長及び教員としての資質の向上に関する指標について」

では、S-1。初任から5年間で教師に育ってほしい姿はこうなります^{※1}。

> **資料**
>
> ・「授業構想」＝単元全体を見通した上で、**ねらいを明確にした授業を構想**している。
> ・「望ましい集団づくり」＝学級等の実態を適切に把握し、**児童生徒が相互に認め合い、高め合う集団づくりを行う**ことができる。
> ・「同僚性の構築」＝管理職等に適切な情報提供を行い、同僚の助言等を生かしながら、**協力して職務を円滑に遂行**している。

「理解している」から「できる」へ……初任から5年かけて、教師はこのように自分を磨き、向上させていきます。

それ以降は、きみたち自身の地元の各都道府県・指定都市教育委員会のウェブサイトを参照してください。教師として何を目標に学び続ければよいかが明記されています。

もうひとつだけ書き加えておきます。指針の例示に**「教育的愛情」**とありました。これには明確な定義があるわけではなさそうですが、きみたちはどんなことだと想像しますか？　これは課題とします。

📖 小論文・面接ではこう問われる！

課題 教師には「教育的愛情」という資質が求められます。「教育的愛情」とは、どんなことだと考えますか。

💡 考えるヒント

教育的愛情というそのままのキーワードで問われることはないか

※1 福島県教育委員会ウェブサイト「福島県版■校長及び教員としての資質の向上に関する指標について」

もしれませんが、きみたちが目指す教師像や理想の教師像をさまざまな形で問われることがあります。

　この問いは、各都道府県・指定都市版の指標にヒントを探します。「教育的愛情」という言葉をダイレクトに使っている指標は多くありませんが、それでもいくつか見つかります。そこでは、次のように説明されています。

　ステージの区分がない指標では「人権尊重の理念を認識し、多様な児童生徒を受容する姿勢を身に付けている」(石川県)、「児童生徒の伸びようとする姿を捉え、愛情をもって寄り添い、支え続け、児童生徒の成長に喜びを感じる」(愛知県)と書かれています。

　ステージ区分のある場合は、S-0は「子ども一人一人のよさや可能性に目を向けようとしている」で始まります。そしてS-1では「子どもへの愛情に基づき、子ども一人一人のよさや可能性を伸ばしている」と続きます(北海道)。単に「子どもが好き」ということではなさそうです。

　多様な子どもたち一人ひとりを受容し、可能性を信じて、その成長を支える教育活動を行い、その間の苦労も忘れるくらい、子どもの成長を喜ぶ。そういうことかもしれません。そして、私が見てきた多くの教師はそういう人たちでした。

　もうひとつ視点をつけ加えておきます。個人的には"そういう人たち"は、ついつい"世話やき"になってしまうような気がしています。何から何まで子どもたちのためにやってあげるのがいいのか。あるいは、失敗するかもしれなくても子どもたちに任せてしまい、仮に失敗したら、在学中のどこかで挽回のチャンスを与えるのか。どんなかかわりに、子どもたちは教師の愛情を感じてくれるでしょうか。

　「努力は報われる」「失敗は取り返せる」……学校ではそのことを体験・実感させてあげてください。それも愛情かなと思います。

4 教師としての向上をサポートする

●教職員研修

「教員としての資質の向上に関する指標」は、実は教職員研修とセットになっています。指標に示された「教師としてあるべき姿」に向かって学び続け、努力することは当然ですが、何も「自力で黙々と頑張りなさい」と言っているわけではありません。

教育委員会では、初任者研修に始まって3年目研修とか5年目研修などキャリアの段階に応じた研修や、いじめ対応などの課題別研修など、各種の研修を実施しています。また、学校ごとに校内でも研修が実施されています。

この校内研修（以下、校内研）という方法は、日本の学校に独特の仕組みだそうです。それこそONE TEAMとして学校全体の指導力向上を目指してきたことが、日本の子どもたちの学力を一定水準まで引き上げてきました。

小論文のネタにはなりませんが、きみたちに安心してもらうために、どんなふうに校内研が行われているのか紹介しておきます。

●授業を見てもらうことで改善ができる

教師の仕事で一番重要なのは**授業力の向上**です。児童・生徒にとって授業が楽しい時間になれば、学級経営や生徒指導にもよい影響を及ぼします。

授業力向上の基本は**OJT（On-the-Job Training）**で、日々の授業の積み重ねでその力はついていきます。とはいえ、自分の授業を客観的に評価することは困難で、ひとりで頑張っても、せっかくの努力が空回りするばかり。「授業がつまらない」と、子どもたちが不満をもらすようになってからでは手遅れです。そこで、学校では他の教師に自分の授業を見てもらい、よい点や改善点などをみんなで協議する機会を設けています。そのやり方はさまざまです。

KW小学校の例

校内研究日として、年6回を設けています。校内の研究会ですが、外部の教育関係者にもオープンにし、また、指導・助言者として大学教授を招いています（3回）。こうした多様な視点は必要です。

校内研では午前中2コマ、午後1コマの授業を公開します。

午後の1コマは提案授業（研究授業）で、各学年の持ち回り（1年間で各学年1回ずつ）。午前の2コマについて、実際とは少し違いますがパターン化して説明します。

1回めの校内研では、1コマめは1・3・5年生の各A組が公開。2コマめは2・4・6年生の各A組が公開。B組の教師は自分の学級を自習にして、できるだけA組の授業を参観します。他の教師の授業を見ることも、自分の授業力向上につながります。午後の授業後の研究協議会では、まず低・中・高学年に分かれて協議。次いで提案授業について全体で協議します。

2回めは、同様に各B組が授業を公開。3回めは、再び各A組が公開。

こうして、若手も中堅もベテランも、年間3回（提案授業を担当すれば4回）の公開授業を行い、意見をもらえることになります。見てもらわなければ、自分の授業の何がよくて、何が足りないかはわかりません。

KM小学校の例

授業公開にあたって、担任が2、3名の"抽出児"を決めていたことが特徴です。事前に「この児童とこの児童」と指定（理由も説明）します。授業では、その児童の授業中の変化を見取ります。

子どもの姿（授業中の変化）を見ることが重視されていると書きましたが、"抽出児"に視点を決めることでそれを徹底させたのがこのスタイルです。

HS中学校の例

1か月間ほどの期間を設定して、その間に、教師全員が自分の授業を公開して、都合がつく他の教師や他校の教師に授業を参観してもらいま

す。もちろん、他教科の教師も参観し、授業後の協議にも参加します。他の教師の授業を見ることも、自分の授業力向上につながります。

　昔は、自分の専門以外の教科はわからないから、意見を言う（口出しする）のは控えるという文化がありました。でも、「主体的・対話的で深い学び」の観点で授業を語り合うのなら、教科はあまり関係しません。むしろ、他教科の見方・考え方で授業を見ると、おもしろい視点（よい点や改善点）も得られます。

　授業はこんなふうにしてつくられ、授業者（教師）はこんなふうにして育てられています。安心してください。

未来の教師
～きみたちに望
まれていること

Chapter 5で学ぶこと

学習指導要領は、学校教育に大きな変革を求めました。教師も学校も頑張って対応しています。でも、これで終了ではありません。教師はAIに奪われることはないと言われている数少ない職業のひとつですが、だからといって現状維持でいいわけではありません。

ここでは「未来」や「近未来」という言葉を使いましたが、変革のスピードを見ると、取り上げた項目もあっという間に現実になります。きみたちが教師になったころには、すでに当たり前の事柄になっているかもしれません。どうか、そのつもりで読んで、考えてください。

近未来に向けた課題

小学校教科担任制（教科分担制）

1 小学校の教室の風景が変わる？

Chapter 4で文部科学大臣諮問から教育行政の変化が予測できると書きました。その一例となります。

2019年4月に、「**新しい時代の初等中等教育の在り方について**」という諮問が出されました。"新しい学習指導要領"がスタートする前に、もう"新しい時代の～"です。世の中の変化の目まぐるしさに学校や教師は翻弄されています（だから、学び続けることが大事です）。

諮問内容はかなりのボリュームです。分類は、義務教育、高校教育、外国人児童生徒、教師の4つ。項目が25もありました。「これからの時代において児童・生徒等に求められる資質・能力を育成することができる教師の在り方」など抽象的なものが多いのですが、具体的な形があり、きみたちに大いに関係しそうな項目を紹介します[※1]。

資料

第一に、新時代に対応した義務教育の在り方についてです。具体的には、以下の事項などについて御検討をお願いします。
……

○**義務教育9年間を見通した児童生徒の発達の段階に応じた学級担任制と教科担任制の在り方**や、習熟度別指導の在り方など今後の指導体制の在り方

中学校はすでに**教科担任制**ですから、ここで言われている「教科担任制」は、小学校への導入を検討してくださいということです。この時点ですで

※1 「新しい時代の初等中等教育の在り方について（諮問）」（2019年4月）

に、「やがて小学校に教科担任制が導入されそうだ」と予測できます。

　この内容が他の項目とともに中央教育審議会の専門部会(分科会)で議論され、2019年12月の「論点取りまとめ」という中間報告を経て、2021年1月に答申が出されました。案の定、そこには、こうあります[※1]。

「(3)義務教育9年間を見通した教科担任制の在り方」より

　これらのことを踏まえ、**小学校高学年からの教科担任制を(令和4(2022)年度を目途に)本格的に導入**する必要がある。

　答申を受けて、2022年度より、小学校高学年に教科担任制を段階的に導入していくことになりました。対象教科は「外国語」「理科」「算数」「体育」の4教科が想定されています。

　小学校5、6年生は思春期にあって心身が不安定になる時期なので、教科によって先生が変わることが不安な子どももいます。一方、学級担任と相性がよくない子どもにはこの制度は救いになります。

　新しい仕組みには必ずプラスとマイナスがありますが、学校ではおおむねプラスととらえているようです。どうしてでしょう。小学校教師を希望している人は、プラス面を少し考えてみてください。事例として、すでにモデル校として教科担任制が試行されている学校の仕組みを紹介します。考えるヒントにしてください。

2 教師の時間割に空きコマができる

　その学校は5年生(4クラス)と6年生(4クラス)で教科担任制を実施しています(教科分担制と呼んでいます)。教科担任制を生かすには学年3クラス以上の規模がほしいところです。

　6年生で説明します。4人(A〜D)の学級担任に、学級を持っていない

※1 『「令和の日本型学校教育」の構築を目指して〜全ての子供たちの可能性を引き出す、個別最適な学びと、協働的な学びの実現〜(答申)【令和3年4月22日更新】』(2021年4月)

E教務主任、F音楽専科、G図工専科、H外国語の非常勤講師を加えた計8人で"学年団"を形成しました。これは、かなりダイナミックで自由度の高い例です。

　それぞれの教師は次のように教科を担当します（国語、道徳、総合は学級担任が担当）。

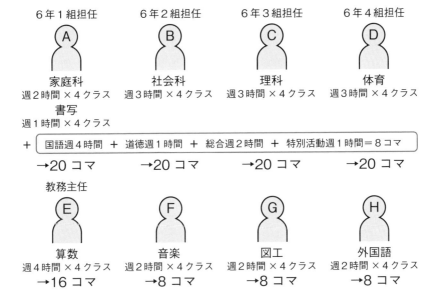

　教科を分担しなければ、各学級担任は11教科に書写と特別活動を入れて週に13の教科等、計算上30コマの授業を行うことになります。音楽と図工は専科、外国語のうちの1コマを非常勤講師が担当するとしても25コマ。それがこの学校では20コマ。確実に空きコマができ、これを担任する授業の準備や事務処理などにあてることができます。教科数そのものも減るので、準備にあてる時間も減ります。

　「小学校の先生は全教科の授業をするので大変そう」という学生の声も聞きます。その点も考慮してプラス面を考えてください。教科担任制が導

入されれば、小学校の先生の志望者も増えるかもしれません。

③ "学校の常識"を超える発想や視点が必要

　モデル校の仕組みからは、時間以外にもたくさんのプラス面が見えます。整理して説明します。

●子どもたちにとって

　事例の場合、子どもは学級担任以外に7人の教師の授業を受けます。コミュニケーションという面からは、教師の年齢や性別が多様になって、子どもたちの相談相手の選択肢が増えることになります。

　また、その教科が得意な教師が授業をするので授業がよくわかり、不得意だった教科もおもしろくなるかもしれません。

●教師にとって

　子どもたちを、多くの教師が授業を通してさまざまな視点で見ることになります。学級担任がふだん見慣れているとつい見落としがちな変化や人間関係に、別の教師が気づくこともあります。教師間で情報を共有することで、放置しておくといじめにつながりそうなことなどにも早めの対応が可能です。

　一方、他のクラスで授業をすると、教師はそのクラスの集団づくりや子どもの育ちを体感できます。「どうすれば、子どもたちがこんなふうに育つんだろう？」という気づきは、自分の学級経営の参考になります。また、子どもの姿を通して、学級づくりの現実的なアドバイスをもらうこともできます。

　空き時間ができることで、自分のクラスの子どもたちが他の教師の授業を受けている姿を参観できます。これは実は、小学校教師には画期的なことです。

●教師の授業力

　事例のB先生（社会科担当）は、同じ内容の授業を4回行うことになるので、「繰り返すことで授業の質が上がる」と考えられがちです。確かに、

理科では実験の精度が上がるということはあります。でも、授業の内容は同じでも、授業を受ける子どもたちが違うわけですから、準備した教材への反応もクラスによって違います。だから、**教師は同じ内容でも子どもたちに合わせた授業をしなければなりません**(それが学習者の視点に立つということです)。その意味で、授業力が上がります。

ただ、「１年間、全く授業をしない教科の授業力は低下するのではないか」というデメリットも指摘されています。

しかし、こういう見方もできます。同じ内容の授業を、各クラスの子どもの実態に合わせながら短期間で繰り返し行うことで、単純に回数の問題ではなく、**その授業を"深掘り"することができます**。教師自身に授業への反省があれば(教材が整理されていなかったとか、対話が不十分だったとか)、すぐに改善することができます。

また、**教科の見方・考え方を、１年かけて、やはり"深掘り"することができます**。本当はどの教科もやっておかなければならないことですが、"全教科を同時に"というのは、現実的に困難です。

中学校とは違って、翌年以降もずっとその教科だけやっていくわけではありませんが、「深めた」という経験は将来も生きます。まして、**教科を横断した資質・能力の育成**や**授業改善**が言われているのですから、ある意味では教師にとって汎用的な力になります。

● **教師のチーム力**

当然ですが、かかわる教師たちの間に**チーム意識**が自然に醸成されます。授業づくりだけでなく、学年の子どもたちの課題には、全員が何らかの形で解決にあたろうとします。

教科担任制について、あえてよいことばかり考え、紹介してきました。学年のクラスの数や教師の専門分野などの関係で、どの学校でもすぐに実行できるわけではありません。また、「小学校は学級担任がすべて責任を持つべきだ」と考える教師がマジョリティかもしれません。

それでも、**学校が抱えている多くの課題の解決には、従来の"学校の常**

識”にとらわれない発想や視点が必要です。教科担任制（教科分担制）も、選択肢のひとつとして意識しておいてください。新しい制度を有効なものにしていくのはきみたちです。

⮕ PISA調査から見えた子どもたちの課題

■1 知識量よりも、その場で知識を探し出す力を重視

Chapter 4で説明した**PISA**の2018年調査（PISA2018）の結果から、こんな課題が見えました。この時の調査はPC上で解答するもので、スムーズに操作できたかどうかも結果に反映されています。

PISA2018の**読解力**（PISA型読解力）で測定する能力は次のものでした[1]。

資料

PISA2018の読解力（PISA型読解力）で測定する能力

①情報を探し出す＝テキスト中の情報にアクセスし、取り出す／関連するテキストを探索し、選び出す
②理解する＝字句の意味を理解する／統合し、推論を創出する
③評価し、熟考する＝質と信ぴょう性を評価する／内容と形式について熟考する／矛盾を見つけて対処する

ここで気づいてほしいのは、「知識（量）」が全く評価の対象にされていないことです。必要な知識や情報は、PCを使ってその場で検索すればいいのです。あらかじめ知識があるかどうかではなく、むしろ必要な情報を探し出してくる力が評価されます。日本のテストや入試などに比べれば、ずっと現実社会に対応しています。言ってみれば、これが**世界基準の「学力」**です。

さて、調査を通して、日本の生徒たちにはこんな課題が表れました[2]。対象は高校1年生ですが、調査の実施が夏休み前なので、実際は義務教育

※1・※2 国立教育政策研究所ウェブサイト「OECD　生徒の学習到達度調査2018年調査（PISA2018）のポイント」

修了時の課題です。

日本の生徒たちの課題

● 正答率が低かった問題には、テキストから情報を探し出す問題や、テキストの質と信ぴょう性を評価する問題などがあった。
● 自由記述形式の問題では、自分の考えを他者に伝わるよう根拠を示して説明することに課題がある。
● (質問紙調査)ICT活用状況は、学校の授業での利用時間が短い。学校外では多様な用途で利用しているが、チャットやゲームに偏っている傾向がある。

「たしかに！」と思い当たることはありましたか？　メディアの情報だけでなく、教科書に書かれていることさえ、本当に正しいのかどうか(信憑性)はわかりません。鵜呑みにしてはいけません。

いまや中学生の大半がスマホユーザーです。情報を探し出すことは得意なように思いますが、PISA の意外な結果を見た教師たちは、こんな謎解きをしました。

「タッチパネルが当たり前で、キーボード操作が苦手なのでは？」「実は、ローマ字入力ができないとか」。……きみたちはどう思いますか？

「自分の考えを他者に伝わるよう根拠を示して説明すること」に必要なのは、ずっと必要と言われてきた**表現力**や**コミュニケーション力**です。2008年の学習指導要領以降、言語活動の充実は目指されていますが、そこにまだまだ課題が残っているということでしょう。

自分の考えを論理的に説明することは、子どもたちに限らず、私たち日本人全体の課題です。切実な問題として、この課題の解決は学校教育に託します。

2 学校の数学や理科のテストとは異なる

ここまで、PISA調査については読解力ばかり例にあげてきました。でも調査には**数学的リテラシー、科学的リテラシー**というカテゴリーもあります。一時、国際比較で読解力の順位が低かったために「学力が低下した」と大騒ぎになりました。そのころでも、数学的リテラシーと科学的リテラシーはトップクラスのスコアを維持しており、「日本の子どもたちは理数系に強い」と安心されていました（主にメディアが）。

よいことに違いないのですが、PISA調査の場合、それは学校で考える数学や理科のテストとは少し違います。読解力（読解リテラシー）が国語のテストとは違っていた（≒B問題）のと同様です。両者の定義です※1。

資　料

数学的リテラシーの定義

1. 定義　数学的リテラシーとは、「**数学が世界で果たす役割を見つけ、理解し、現在及び将来の個人の生活、職業生活、友人や家族や親族との社会生活、建設的で関心を持った思慮深い市民としての生活において確実な数学的根拠にもとづき判断を行い、数学に携わる能力**」である。

2. 特徴　・実生活で生徒が遭遇するような状況で、数学を用いて問題を解決することを重視している。

→ 教科書に見られる数学を練習することではなく、**日々の活動、学校生活、職業、地域社会、理論的な場面など様々な場面で、数学的な知識、理解、技能を活用すること**を重視している。

・数学的プロセスに着目し把握しようとしている

→ 生徒が数学的な内容に取り組むのに必要な技能のまとまり。数学化のプロセスには、**思考と推論、論証、コミュニケーション、モデル化、問題設定と問題解決、表現、記号による式や公式を用いた演算、テクノロジーを含む道具を用いることの8つの能力**が関わっており、これらに着目し、把握しようとしている。

※1 文部科学省ウェブサイト「PISA調査（数学的リテラシー）及びTIMSS調査（算数、数学）の結果分析と改善の方向（要旨）」、「PISA調査（科学的リテラシー）及びTIMSS調査（理科）の結果分析と改善の方向（要旨）」

PISA2012で出題された数学的リテラシーの問題を見ると、4つのバンドのCDの売り上げのグラフを題材にした問題、看護師が行う点滴の滴下速度に関する問い、回転ドアの空気の出入りについて計算する問いなどがあります。「様々な場面で数学的な知識、理解、技能を活用」と説明されている意味がよくわかります。

資料

科学的リテラシーの定義

1. 定義 科学的リテラシーとは、「**自然界及び人間の活動によって起こる自然界の変化について理解し、意思決定するために、科学的知識を使用し、課題を明確にし、証拠に基づく結論を導き出す能力**」である。
2. 特徴 ・日常生活における様々な状況で科学を用いることを重視していること
→ 科学的な原理や概念の理解にとどまることなく、**それらを「生活と健康」、「地球と環境」、「技術」という側面から、日常生活に活用することを重視**している。
・科学的プロセスに着目し把握しようしている。
→ **科学的現象の記述、説明、予測、科学的探究の理解、科学的証拠と結果の解釈というプロセスに分類し、把握**しようとしている。

PISA2015が科学的リテラシーを中心にして実施されました。

新型コロナウイルス感染症の対策に関係する政策に、もっとこうした数学的、科学的な見方・考え方が反映されていたら、「とにかくみんなで我慢しよう！」よりも説得力を持つでしょう。PISAはそういう能力を計ろう、育てていこうというものです。

2 未来の課題

➡ 教職課程に新たに加えられた内容

　教育に携わる職業は教師だけではありません。また、教師になるための
ルートはひと通りではありません。でも、おそらくきみたちの多くは教育
学部や、教員養成課程を目指しているものと思います。そこでの履修内容
が20年ぶりに見直されました（すでに実施されています）。

　正式には「**教職員免許法の改正（2016年11月）及び同法施行規則の改正
（2017年11月）により、教職課程で履修すべき事項を約20年ぶりに全面的
に見直し**」というものです。具体的には次の内容が"新たに"加えられまし
た[※1]。

> ### 新教育課程に新たに加えられた内容
>
> 小学校の外国語（英語）教育／ICTを用いた指導法／特別支援教育の充実
> ／学校安全への対応／道徳教育の充実／アクティブ・ラーニングの視点
> に立った授業改善／学校と地域との連携／チーム学校運営への対応／
> 学校体験活動

　本書のこれまでの説明を思い返してください。この20年間で学校教育
に求められたものは急激に増えて、実践の場ではとっくに実施されてい
た内容も含まれています。「特別支援教育元年」と言われたのは2007年、小
学校の外国語活動が始まったのは2010年、CSはすでに1万校近く……。
時間差はありましたが、ともかく、きみたちは間に合いました。

　実際に教育の実践にあたっては絶対に必要な内容です。きみたちは十
分に学んでから教師になってください。

※1 文部科学省ウェブサイト「平成31年度から新しい教職課程が始まります」

→ やがて学校や教師に求められること

■ 個別最適な学び、協働的な学びを実現

　教科担任制の説明の際に取り上げた「答申」は「『令和の日本型教育』の構築を目指して〜全ての子供たちの可能性を引き出す、**個別最適な学びと、協働的な学びの実現**」というタイトルでした。

　「小学校高学年の教科担任制の導入」の他にもいろいろなことが述べられていますが、タイトルにある「**個別最適な学び**」と「**協働的な学び**」の言葉の説明をします[1]（「日本型教育」には「あとがき」でふれます）。

　なお、「個別最適な学び」等は、2019年度から推進されてきた「GIGAスクール構想」（児童・生徒１人１台の端末と、高速大容量の通信ネットワークを一体的に整備し、資質・能力がいっそう確実に育成できる教育環境を実現する）がベースになっています。

　「個別最適な学び」とは、「ICTの活用と少人数によるきめ細かな指導体制の整備により、「個に応じた指導」を学習者視点から整理した概念」です。「答申」には次のように書かれました。

> **資料**
>
> ### 「(1)子供の学び」より
>
> ○これからの学校においては、子供が「個別最適な学び」を進められるよう、教師が専門職としての知見を活用し、子供の実態に応じて、学習内容の確実な定着を図る観点や、その理解を深め、広げる学習を充実させる観点から、カリキュラム・マネジメントの充実・強化を図るとともに、**これまで以上に子供の成長やつまずき、悩みなどの理解に努め、個々の興味・関心・意欲等を踏まえてきめ細かく指導・支援することや、子供が自らの学習の状況を把握し、主体的に学習を調整することができるよう促していくことが求められる。**
>
> ○その際、**ICTの活用により、学習履歴（スタディ・ログ）や生徒指導上のデータ、健康診断情報等を蓄積・分析・利活用することや、教師の負担を**

※1 「『令和の日本型学校教育』の構築を目指して〜全ての子供たちの可能性を引き出す、個別最適な学びと、協働的な学びの実現〜（答申）」（2021年1月）

軽減することが重要である。また、データの取扱いに関し、配慮すべき事項等を含めて専門的な検討を進めていくことも必要である。

きわめて大まかですが、「子ども一人ひとりに対応した学び」をより確かなものにするために、ICTを十分に活用しましょうと言っているようです。そして、「個別最適な学び」は次の「協働的な学び」とセットになっています[※1]。

資 料

「(1)子供の学び」より

○……「個別最適な学び」が「孤立した学び」に陥らないよう、これまでも「日本型学校教育」において重視されてきた、探究的な学習や体験活動などを通じ、子供同士で、あるいは……他者と協働しながら、あらゆる他者を価値のある存在として尊重し、様々な社会的な変化を乗り越え、持続可能な社会の創り手となることができるよう、必要な資質・能力を育成する**「協働的な学び」を充実すること**も重要である。

○「協働的な学び」においては、集団の中で個が埋没してしまうことがないよう、「主体的・対話的で深い学び」の実現に向けた授業改善につなげ、**子供一人一人のよい点や可能性を生かすことで、異なる考え方が組み合わさり、よりよい学びを生み出していくようにすることが大切である。「協働的な学び」において、同じ空間で時間を共にすることで、お互いの感性や考え方等に触れ刺激し合うことの重要性について改めて認識する必要**がある。……

○学校における授業づくりに当たっては、「個別最適な学び」と「協働的な学び」の要素が組み合わさって実現されていくことが多いと考えられる。各学校においては、教科等の特質に応じ、地域・学校や児童生徒の実情を踏まえながら、**授業の中で「個別最適な学び」の成果を「協働的な学び」に生かし、更にその成果を「個別最適な学び」に還元するなど、「個別最適な学び」と「協働的な学び」を一体的に充実し、「主体的・対話的で深い学び」**の実現に向けた授業改善につなげていくことが必要で

※1 『令和の日本型学校教育』の構築を目指して〜全ての子供たちの可能性を引き出す、個別最適な学びと、協働的な学びの実現〜(答申)(2021年1月)

ある。……

本書の中でも何度か登場している見慣れたフレーズが並んでいます。「個別最適な学び」と「協働的な学び」を組み合わせて、「主体的・対話的で深い学び」の実現に向けた授業改善につなげていくことが目指されるようです。

きみたちにはかなり難しい内容を紹介しました。ついでに、もう少しだけつき合ってください。この答申の「各論2. 9年間を見通した新時代の義務教育の在り方について」にこんなことが書かれています[1]。

> **資料**
>
> ### 「イ 特定分野に特異な才能のある児童生徒に対する指導」より
>
> 例えば、単純な課題は苦手だが複雑で高度な活動は得意など、多様な特徴のある児童生徒が一定割合存在するなかで、学校内外において、このような児童生徒を含め、あらゆる他者を価値のある存在として尊重する環境を築くことが重要である。

「数学の天才少年が14歳で名門大学に入学した」といった話題にふれることがあります。そういう子ども(ギフテッド gifted)だけでなく、特異な才能と学習困難とを両方持つ子どもなど、従来の学校教育の枠に収まりきれない子にどのような教育環境を設けるかということです。これも「個別最適な学び」です。

日本の学校教育がかなり苦手とする課題ですが、2021年8月から有識者による会議が始まりました。どう展開していくのか、ちょっと気にとめておいてください。

※1 『『令和の日本型学校教育』の構築を目指して〜全ての子供たちの可能性を引き出す、個別最適な学びと、協働的な学びの実現〜(答申)』(2021年1月)

② 新たな課題に対応するのも、やはり教師

　答申は、たとえば「子ども一人ひとりに最適な授業をAIが行う」といった画期的なものではありませんでした。そうすると、現実に「個別最適な学び」「協働的な学び」を担うのは教師ということになります。

　教師に求められる姿が、こう述べられています※1。

資料

「(2)教職員の姿」より

○教師が技術の発達や新たなニーズなど学校教育を取り巻く環境の変化を前向きに受け止め、教職生涯を通じて探究心を持ちつつ自律的かつ継続的に新しい知識・技能を学び続け、子供一人一人の学びを最大限に引き出す教師としての役割を果たしている。その際、子供の主体的な学びを支援する伴走者としての能力も備えている。

○教員養成、採用、免許制度も含めた方策を通じ、多様な人材の教育界内外からの確保や教師の資質・能力の向上により、質の高い教職員集団が実現されるとともに、……多様な外部人材や専門スタッフ等とがチームとなり、……校長のリーダーシップの下、家庭や地域社会と連携しながら、共通の学校教育目標に向かって学校が運営されている。

○さらに、学校における働き方改革の実現や教職の魅力発信、新時代の学びを支える環境整備により、教師が創造的で魅力ある仕事であることが再認識され、教師を目指そうとする者が増加し、教師自身も志気を高め、誇りを持って働くことができている。

　教師とは……その職にある限り学び続け、向上を続けようとする仕事なのだと理解し、あらためて覚悟を決めておいてください。

　そして、きみたちが教職に就くまでに、3番めの「学校における働き方改革」も本気で実現しておかなければなりません。

※1 「『令和の日本型学校教育』の構築を目指して〜全ての子供たちの可能性を引き出す、個別最適な学びと、協働的な学びの実現〜(答申)」(2021年1月)

➡ 教師の働き方改革

■ 教師にしかできない仕事に専念できるように

本書の最後に、きみたちも伝え聞いて、気になっているはずの「学校の働き方改革」にふれておきます。

"学校はブラックな職場"だと、きみたちの耳にも入っていることだと思います。働き方の中身はともかく、長時間の時間外勤務という実態から言えば、残念ながらブラックであることは否定できません。

こうなった要因は何だったのでしょう。本書をここまで読んでもらって、きみたちも薄々気づいていると思います。そうです。**業務量が絶対的に多い**のです。

授業ひとつをとっても、単元をつくり、教材を準備し、配布資料を印刷し、宿題をチェックし、特別支援が必要な子どものケアをし、評価し……と、やらなければならないことがたくさん付随してきます。放課後には授業改善のための会議もあります。

何しろ、学校には教師以外には1、2名の事務職員(および調理員、技術員)がいるだけなので、ありとあらゆる業務を専門職である教師たちが手分けして処理しています。

業務量については、さすがに行政も問題視するようになって、改善の兆しも見えてきています。たとえば、多くの学校には校務アシスタント(ネーミングは地方によって異なります)が配置され、印刷やアンケートの集計など"教師でなくてもできる仕事"を担っています。

いまこんなことを聞いても実感はないでしょうが、学校における働き方改革の大事な視点を2つあげておきます。頭の片隅にしまっておいてください。

●スクラップ&ビルド

新しい教育活動や業務が増えたら、役目を終えた活動や、手間がかかる割に効果の薄い活動はやめてしまう。ICTの活用など新たな業務が出て

くるわけですから、いまある何かをやめなければ、新たなものに取り組む余裕をつくれません。

● 教師でなければできない仕事に専念できるように、教師でなくてもできる仕事は他に任せてしまう

当たり前のことに思えるでしょうが、これが苦手な教師が多いのです。そういう教師は何から何まで自分でやろうとします。責任感の表れなのですが、他に任せられることは任せる、仕事の比重に優先順位をつけることは、よりよい授業や生徒指導をするために必要です。

地域との連携・協働が当たり前になっているので、活動によっては、たとえば準備から実施までの10の仕事のうち1～9を保護者や地域に任せて、教師は10だけに専念することも可能です。10こそが教師にしかできない仕事になります。

教師は**免許を与えられた高度専門職**です。その自覚と誇りをどこでどう発揮するか、仕事に就くまでに十分に考えておいてください。

考えてもらう視点のひとつとして、課題を設定しておきます。

📖 小論文・面接ではこう問われる！

課題 **教師の本務、教師にしかできない仕事は何だと思いますか。**

💡 考えるヒント

小論文でも「教師の役割」や「教師の多忙化の要因」をどう考えるかを問う出題があります。まずは、きみ自身の経験を踏まえて、考えられることをあげてみるのもいいでしょう。

授業は言うまでもありません。部活動は、中学校でも外部指導者に任せる動きが出ています。「最後まであきらめない」や「チームワー

ク」は外部指導者でも育てられます。それでも教師でなければできない
いことは何でしょう。

　「たとえば10の仕事」と書きましたが、人手を要する活動を企画・立
案して、周到な準備をして実施するまでの過程1〜10で、教師にしか
できない「10(番め)」とはどんなことだと思いますか?

　「働き方」は、この後の「あとがき」にも少し続きを書きます。

　〈「10(番め)」とはどんなことか、という問いの"解答例"は、参加し
た子どもたちと一緒に活動しながら、一人ひとりの姿を的確に見取
ること。準備段階で疲れてしまって、最も肝心なことがおろそかにな
ったのでは本末転倒、ということです。これは八戸市の中学校で実際
に行われた学校・地域連携の活動がもとになっています。本当に、企
画・立案、職員会議でのプレゼン、生徒たちの安全確保のための人の
手配、リハーサルまで、すべて保護者と地域の人たちが担って、当日
の活動を教師にバトンタッチしました。全員が心地良い達成感や充
足感を味わったそうです〉。

あとがき／エール

　教職員の働き方改革をどう進めるかを議論した中央教育審議会の中間まとめ（2017年12月）に、こんな言葉が登場しました。

「日本型学校教育」

　私も聞いたことのない言葉でした。こう説明されていました。

資料

> 　我が国の学校及び教師は、諸外国と比較して、広範な役割を担っている。我が国の教師は、……学習指導のみならず、生徒指導等の面でも主要な役割を担い、様々な場面を通じて、児童生徒の状況を総合的に把握して指導を行っている。このような児童生徒の「全人格的」な完成を目指す教育を実施する「日本型学校教育」の取組は、国際的に見ても高く評価されている。これは、我が国の教師が、子供への情熱や使命感をもった献身的な取組を積み重ねてきた上に成り立ってきたものと言える。

　実際に、生徒指導どころか、あいさつの仕方や食事のマナーなど、「ここまで学校に託すの?」といった生活指導的な事柄まで教師の役割となっています。そして、それは教師の「情熱や使命感」によって支えられ、今後も維持されるそうです。

　雇用する側が「献身的な取組」をあてにするのは、おかしな話です。でも、家庭や地域の教育力を含む学校教育の現実を見てきて、子どもたちの「『全人格的』な完成を目指す教育」は、間違いなく教師が支えてくれていると感じます。

　率直に言って教師は大変な仕事です。だからこそ、この職を目指してくれるきみたちを頼もしく思うのです。

　私たち一般市民はせめて、教師が、「教師でなければできない仕事」に専念できるように、教師でなくてもできる仕事は何らかの形で引き受けられるよう努めなければなりません。実は、私の娘は新卒から5年間勤めた民間企業を辞め、公立中学校の教師になりました。だから、他人事ではありません。

その後出された答申（2019年1月）の最後にはこう宣言されました。

資　料

　　教育の最前線で、日々子供たちと接しながら、子供たちの成長に関わることができる喜びが大きいとはいえ、つらいことがあっても、自らの時間や家族との時間を犠牲にしても、目の前の子供たちの成長を願いながら教壇に立っている現在の教師たち。これまで我々の社会はこの教師たちの熱意に頼りすぎてきたのではないだろうか。所定の勤務時間のはるか前に登校する子供のために、自分はさらに早朝に出勤する教師。平日はもちろん一般の社会人が休んでいる休日まで子供たちの心身の成長を願い部活動に従事する教師。子供の様子を一刻も早く共有するため、仕事をしている保護者の帰宅を待ってから面談をする教師。

　　こうした中で、教師たちは長時間勤務を強いられており、そして疲弊している。

　　今回の学校における働き方改革は、我々の社会が、子供たちを最前線で支える教師たちがこれからも自らの時間を犠牲にして長時間勤務を続けていくことを望むのか、心身ともに健康にその専門性を十二分に発揮して質の高い授業や教育活動を担っていくことを望むのか、その選択が問われているのである。

　　子供たちの未来のため質の高い教育を実現するには、保護者・PTAや地域の協力が欠かせない。この答申の最後に、学校における働き方改革についての保護者・PTAや地域をはじめとする社会全体の御理解と、今後の推進のための御協力を心からお願いすることとしたい。

　「日本型学校教育」や「教師の使命感」に甘えることなく、市民の責任として、きみたちに教師として力を発揮してもらえるような学校にしていきます。

　小学校の35人学級が実現し、教員の増員が図られています。でも一方で、特に小学校教師の志望者の減少が深刻な問題になっている自治体もあります。学校の職場環境・教師の働き方の実態もその一因になっているはずです。

　これから教師を目指そうとしてくれているきみたちも、やがて教師となったとき、"学校の常識"にとらわれることなく業務の改善に取り組み、教師という仕事に心から「やりがい」を感じられるように努力してください。ひとりで頑張るのではありません。子どもたちは、信頼できる、先生の味方です。何事にも一生懸命なきみを、子どもたちは応援してくれます。

　2020年2月27日（木）に出された休校要請により、ひとまず春休みまで全国の学校は休校になりました。3月という、学年・学級を締めくくり次につなげる大切な時間が、突然、消滅してしまいました。呆然としながらも、たくさんの学校では教師たちが週末の29日、3月1日に出勤して、休校中の心得や家庭学習用の教材を作成しました。

　4月7日には最初の緊急事態宣言が7都府県に出され、16日には全国に拡大。春休みが終わっても休校は続きました。5月半ばに39県で解除、25日に全国で解除されて、6月からはほぼ学校が再開しましたが、その間、全国の7割以上の小・中学校が30日〜70日の休校や分散登校を余儀なくされました（令和3年度全国学力・学習状況調査より）。そのため、授業時数の確保や学校行事の変更など、混乱は年度末まで続きました。また、「新型コロナウイルスの感染回避」という理由による不登校が、小・中学生合わせて2万人を超えました（令和2年度児童生徒の問題行動・不登校等生徒指導上の諸問題に関する調査より）。

　こんな状況の中、それでも学校は光を見ました。2020年度の卒業式をはじめ、修学旅行や体育祭などの活動や行事が次々に中止になったり規模が縮小されたりしましたが、ここで教師たちは、ふと、あることに気がついたのです。

　「この活動の本質的な意味は何か？」「本当に必要な活動なのか？」「この実施方法が唯一なのか？　別な形ではダメなのか？」

　コロナ禍での卒業式は、練習も通しのリハーサルもできず、在校生の参加も来賓もなく、保護者は校庭での記念撮影のみなど、その状況でできる精一杯の式になりました。それでも、卒業生からも保護者からも教師からも「質素だったけれど、心温まる素敵な卒業式だった」という声が聞こえました。他の活動・行事も同様です。

　職員会議等を、在宅のまま短時間のリモートで実施した学校もありました。「これでも十分やれる」という気づきが、その後のICT活用への意欲につながっています。

　いまもコロナ禍は終わっていません。でも、このあゆみをとめず、ともすれば時代の変化に疎かった学校文化が、教師自身の働き方も含めて、良い方向へ変わっていくといいなと思います。たとえ転んでも、ただで起きては絶対にダメです。

2021年11月　渡辺研

2008年
学習指導要領改訂

2013年
いじめ防止対策
推進法施行

2016年
選挙権年齢
「満18歳」に

2020年
コロナ禍により
全国で一斉休校

2007年
全国学力・学習状況
調査開始

「特別支援教育元年」

2015年
道徳の教科化

2017年
学習指導要領改訂

2022年
小学校で教科担任
制を段階的導入

[教育の世界のおもな出来事]

デザイン	金井久幸 [TwoThree]
カバーイラスト	高橋由季
本文イラスト	フクイサチヨ
p.172イラスト	秋下幸恵
編集協力	佐藤千晶 [株式会社シナップス]
	黒川悠輔
	株式会社オルタナプロ
	近藤安代
データ作成	株式会社四国写研
印刷所	株式会社リーブルテック